福祉のための
芸術療法の考え方
絵画療法を中心に

安原 青兒
著

大学教育出版

まえがき
――第2刷にあたって――

　本書は大学テキストとして執筆したものであり、中心的読者は筆者が受け持つ講義・演習の受講生です。もとより本書に対する学生からの声は日々聞くのですが、出版以来、一般読者からも感想や励まし、またご質問をいただき驚いています。筆者としてはでき得る限りメールにはメールにて返信を、お手紙には同様に手紙にて感謝とお答えをしてきたつもりです。筆者は毎年、絵画作品の制作・発表も行っていますが、絵も本も作品として生み出され発表されると、作者の手を離れ何と様々に受け取られ育っていくものかと、あらためて感じている次第です。その意味では、本書の多くの読者の皆様にあらためて御礼を申し上げなければなりません。

　さて第2刷にあたり、平成21年という年について記録しないわけにはいきません。平成20年に始まった世界的な経済危機は、わが国においても多くの企業を恐慌し、いつの時代もそうですが、派遣社員切りや就職内定取り消し等、まず初めに弱く不安定な立場の者が犠牲となりました。定住先を持たない「ネットカフェ難民」なる言葉はすでに定着した感がありますし、生活格差はますます拡大し、貧困による孤独な衰弱死者が出るなど、戦後、経済大国を謳歌してきたわが国にも大きな翳りが出てきました。政治の世界では昨夏、おそらく歴史に記録されるであろう政権交代が現実のものとなりました。加えて「新型」インフルエンザ感染拡大の脅威にも見舞われました。あらためて私たちは、このような時代に生きることの意味を考えてみなければなりません。根無し草のような私たちは、しかし荒波にもまれ、どこへ流されるのかもわからない木の葉のような人生しか選べないわけではありません。私たちには人間として生きるべき道があり、運命を切り開く力も自身の内にあるはずです。

そのような力を信じることは、また本書で扱う芸術療法の本質とも繋がっています。私たちのできることはいつでも身近な人との営みです。それをおろそかにして世界を語るのはむなしいことです。芸術療法の本質が、「ある個人が、ある個人に真剣に向き合って紡ぎだす愛の技（art therapy）に他ならない」のであれば、まずは一歩を踏み出してみるしかないのです。それが福祉従事者であれば、自分が関わる方々（患者、施設利用者、家族、友人、時には自分自身…）を愛し、ともに技法を楽しみ繰り返すうちに、自ずとその成果が立ち現れ、運命を切り開く小さな一歩となるのではないでしょうか。この世界的にも未曾有の転換期にあって、私たちは手をぬかず、丹念に、小さな歩みを続けるしかないのです。芸術療法の良い点はセラピスト自身の内的自己治癒（成長）に影響を与え、それが相互作用として治療に生かされるという点です。とかく若者言葉で言うところの「上から目線」で行われてきた従来の「あなたは苦しむ人」「私は救う人」という二元論の中では、より良い芸術治療は果たされません。その意味で本書が、福祉現場で働く方々の専門職員としての自己成長・自己教育（実現）の一環として読まれるなら、それはむしろ妥当なことなのかもしれません。

2010年1月

安原　青兒

福祉のための芸術療法の考え方
――絵画療法を中心に――

目　次

まえがき―第2刷にあたって― ………………………………………… i

序　章 ……………………………………………………………………… 1

第1部　理論編 ……………………………………………………… 5

第1章　芸術の捉え直し ……………………………………………… 6
　1．芸術とは何か　6
　　⑴　普遍的価値の喪失　6
　　⑵　芸術の持つ普遍性　9
　　⑶　芸術と技術　10
　2．芸術の今日的役割　12
　　⑴　人間の内なる真・善・美　12
　　⑵　芸術的行為の意味　13

第2章　療法としての芸術と表現 …………………………………… 15
　1．人間と表現　15
　　⑴　表現とは何か　15
　　⑵　ミーメーシスとしての芸術表現　16
　2．治療とは何か　17
　　⑴　治療と医療　17
　　⑵　ヒポクラテスの治療観　18
　　⑶　治療におけるアート　19
　3．表現はセラピーになり得るか　20
　　⑴　共有される芸術表現　20
　　⑵　芸術と精神分析　21

4. 芸術療法の解釈　*22*
   (1) 芸術療法の広義　*22*
   (2) シュタイナーの芸術治療　*23*
   (3) ナタリー・ロジャースの表現アートセラピー　*25*
   (4) 芸術療法におけるホリスティックな世界観　*26*

第3章　発達的アプローチから見た児童画 ……………………………… *30*
  1. 描画発達の過程とその意味　*30*
   (1) 子どもの絵の研究　*30*
   (2) なぐり描き期・錯画期（1歳～2歳半頃）　*32*
   (3) 意味付け期・象徴期（2歳～3歳頃）　*33*
   (4) 前図式期・カタログ期（3歳～5歳頃）　*33*
   (5) 図式期・覚え描きの時期（5歳～9歳頃）　*35*
   (6) 写実前期（9歳～11歳頃）　*37*
   (7) 写実期（11歳～14歳頃）　*38*
  2. 描画に表された「思いの発露」　*39*
   (1) カタルシス　*39*
   (2) メッセージとしての描画　*40*

第4章　色彩・形態のシンボリズム ……………………………… *43*
  1. 絵画療法のベースとなる色彩解釈　*43*
   (1) 色彩論の研究　*43*
   (2) 色彩の深層　*45*
   (3) 個別の色彩解釈　*47*
   (4) その他の色彩解釈　*58*
   (5) 療法上の注意事項など　*59*
  2. 表現された形態の意味　*61*
   (1) 子どもの描画と内的形成力　*61*
   (2) 円の根源性　*62*

(3)　形態解釈の基礎事項　　　63
　(4)　家と木のモチーフ　　　63
　(5)　山と太陽のモチーフ　　　64
　(6)　鳥と動物のモチーフ　　　65
　(7)　虹のモチーフ　　　66
　(8)　その他のモチーフ（描線・乗り物・花・水・切断）　　　66
　(9)　メッセージとしての描画の読取り　　　68

第5章　芸術療法に求められるスピリチュアルケアの側面　　　69
1.　芸術療法と霊性　　　69
　(1)　人間精神へのまなざし　　　69
　(2)　スピリチュアルとは何か　　　70
　(3)　「目に見えない本質」とスピリチュアルケア　　　71
　(4)　芸術療法とスピリチュアルケア　　　72
2.　治療環境としての芸術の役割　　　73
　(1)　環境の治療的作用　　　73
　(2)　シュタイナー建築の考え方と治療　　　74
　(3)　環境としての芸術作品の役割　　　76

第2部　実践編　　　79

第6章　初期的導入法としての技法　　　80
1.　必要な導入の条件　　　80
　(1)　保護者への理解　　　80
　(2)　環境設定　　　81
2.　なぐり描きの実践　　　83
　(1)　遊びと治療　　　83
　(2)　なぐり描き法の開発と目的　　　84

(3) なぐり描きに必要な用具　*85*

　　　(4) なぐり描き法の手順　*86*

　　　(5) いくつかの覚え書き　*87*

第7章　色彩療法 …………………………………………… *89*

　1. 透明水彩によるにじみ絵の実践　*89*

　　　(1) 輝きの3色　*89*

　　　(2) にじみ絵制作に必要な環境と準備物　*90*

　　　(3) 実施法　*92*

　　　(4) にじみ絵による治療のチェック項目　*93*

　2. 層技法の実践　*94*

　　　(1) 層技法　*94*

　　　(2) 課題画　*95*

第8章　触覚に刺激を与える技法 ………………………… *96*

　1. 触覚の意味と役割　*96*

　　　(1) 五感の喪失　*96*

　　　(2) 触覚による根源的欲求　*97*

　　　(3) 触覚の治療的側面　*98*

　2. フィンガー・ペインティングの実践　*99*

　　　(1) フィンガー・ペインティングとは何か　*99*

　　　(2) 必要な用具　*99*

　　　(3) 具体的方法と流れ　*100*

　　　(4) 治療的要因と留意事項　*101*

　3. 粘土を用いた実践　*102*

　　　(1) 粘土遊びの特質と意義　*102*

　　　(2) 粘土技法に必要な用具と注意事項　*103*

　　　(3) 粘土技法の実際　*104*

第9章 相互関係の中で扱われる技法 ……………………… 108

1. スクィグルの実践　*108*
   - (1) 遊びとしてのスクィグル　*108*
   - (2) 実践に必要な用具と解説　*109*
   - (3) スクィグルの方法と解説　*110*
2. 色彩分割の実践　*111*
   - (1) 交互色彩分割法の手順と解説　*111*
   - (2) 色彩分割に必要な道具と環境　*111*
   - (3) 交互色彩分割法の意味と作品の読取り　*115*

第10章 コラージュの技法 ……………………… 118

1. コラージュの歴史的背景とその療法的意味　*118*
   - (1) キュビズム（立体主義）におけるコラージュ技法　*118*
   - (2) シュールレアリズム（超現実主義）におけるコラージュ技法　*120*
2. コラージュ療法の実践　*122*
   - (1) コラージュの治療的意味　*122*
   - (2) コラージュ・アクティビティー　*123*
   - (3) コラージュ療法の特徴　*124*
   - (4) コラージュ療法に必要な用具と環境　*125*
   - (5) コラージュ療法の方法と手順　*126*
   - (6) コラージュ作品の見方と解釈　*127*
   - (7) コラージュの様々な方式　*129*

第11章 自然を取り入れた造形技法 ……………………… 133

1. 光との対話——透ける折り紙「トランスパレント」　*133*
   - (1) 幾何学的な理想形態　*133*
   - (2) 光の作用　*134*
   - (3) 用具・環境の準備　*135*
   - (4) 制作手順と注意事項　*136*

(5)　透ける折り紙の治療的意味　　*138*

　2.　自然が語る、自然を飾る　　*140*

　　(1)　自然物の治癒的働き　　*140*

　　(2)　自然物を用いた一技法　　*141*

　　(3)　その他の覚え書き　　*144*

第12章　心理療法の中の様々な技法の発展　……………………… *146*

　1.　心理療法とは何か　　*146*

　　(1)　歴史と基本的枠組み　　*146*

　　(2)　心理療法の特質　　*147*

　2.　樹木画からH．T．P法、風景構成法へ　　*149*

　　(1)　心理テストと芸術療法　　*149*

　　(2)　樹木画（バウムテスト）　　*150*

　　(3)　H．T．Pテスト　　*151*

　　(4)　風景構成法　　*151*

　3.　人物画から家族画法へ　　*153*

　　(1)　人物画テストの概要とD．A．M　　*153*

　　(2)　マコーバーの人物画テストD．A．P　　*154*

　　(3)　家族画D．A．F　　*155*

　　(4)　動的家族描画法（K．F．D）　　*157*

第13章　関係性の中から——集団絵画療法　……………………… *159*

　1.　グループワークによる力動的側面　　*159*

　　(1)　集団活動によって開かれるもの　　*159*

　　(2)　集団絵画療法の場の設定と環境　　*160*

　　(3)　治療的因子　　*161*

　2.　グループワークの実践　　*163*

　　(1)　K．J法を使った共同絵画制作法　　*163*

　　(2)　自然物を使った集団造形療法　　*167*

第 14 章　様々な分野の芸術療法 …………………………………… *170*

1. 音楽療法　*171*
   (1) 音楽の力　*171*
   (2) 音楽療法の技法　*172*
2. 文芸療法としての詩歌・俳句など　*173*
   (1) 詩歌の治癒力　*173*
   (2) 詩歌療法の意義　*174*
3. その他の芸術療法から　*175*
   (1) 心理劇　*175*
   (2) 舞踏療法　*176*

終　章　芸術療法士（アートセラピスト）とは誰か ……………… *177*

1. 芸術療法に求められる人間観・世界観の探求　*177*
   (1) 自己への問いかけの必要性　*177*
   (2) 善悪二元論の健康観　*178*
   (3) ホリスティックな人間観の獲得へ　*179*
2. 治療家の社会的課題　*180*
   (1) クライエントに出会う　*180*
   (2) 情報の共有と多視点　*181*
3. 治療家の資格の問題と課題　*183*
   (1) 様々な治療家たち　*183*
   (2) 芸術療法士（アートセラピスト）の資格問題と課題　*185*

引用および参考文献 ……………………………………………………… *187*

あとがき …………………………………………………………………… *199*

福祉のための芸術療法の考え方
――絵画療法を中心に――

序 章

　本書は芸術療法の中で、特に絵画・造形分野を中心に取り上げ、その理論的な背景と実践者が持つべき人間観・世界観、そして実践の際の手引きとなる事項を一冊にまとめたものです。
　本文の中でも触れますが、現代社会はますます物質的な豊かさを増し、「便利・快適」を追求する人間の欲望は果てしないように見えます。スピードを競う交通産業。家にいながらたいていの物を手に入れることができるネットショップの興盛。24時間営業の眠らない町。経済社会は「便利・快適」を合言葉に今後も欲望を刺激し、私たちは新しい宝物を手に入れ続けるでしょう。しかし実はそのために失ったものも多いということを、私たちはどこかで感じています。それは困ったことにほとんど目に見えない領域で進行しています。たとえば今日、子どもの心の飢えは深刻です。それは社会的な事件となって表面化する児童や家庭だけの問題ではありません。他方、汚職、詐欺、凶悪事件など、マスコミをにぎわす大人社会の諸問題は、子どもがキレるという以前に、大人社会においてすでに互いのつながりがキレていることの証明のようにも思われます。人のつながりは希薄になる一方ですし、私たちを育んできた自然環境は人間本位に作り変えられてきました。地球温暖化や狂牛病の発生などは、私たちが人も自然も文化さえも、いとも簡単に新しい宝物に買い換えてしまったために、売り渡したかつての尊い宝物から「しっぺ返し」をもらっているようなものです。しかし私たちの「身体」という家には、押入れのどこかにまだ本当の宝物は失われずに「在る」のです。芸術は私たちに本当の宝物とつながる道を教えてくれます。病気や障害、生きにくさは、その道を歩むための開けるべきドアなのです。

さて、本書の題名を「福祉のため」としたのは、芸術療法を福祉の臨床場面で役立ててもらいたいとの願いからに他なりません。そもそも芸術療法（アートセラピー）の「療法（セラピー）」という言葉は「医療」としての手技と重なる部分を持っています。これもまた本書の中で詳しく触れますが「治療行為」が「医療行為」とイコールであれば、当然のことながら医師という国家資格を持つものがその業務を独占することになります。またその（医療）補助行為は、「医師の指示の下」に業務を任されている保健師、助産師、看護師などのものです。このように考えると、現在さまざまな福祉分野でさまざまな立場の人々によって行われている芸術療法は、「療法（セラピー）」などと紛らわしい表現を使用してよいのか、ということになってきます。しかし現実には、例えば福祉職員などが施設利用者に対し、芸術活動を通して治療的なかかわりを持つことは多々ありますし、関係学会のセミナーなどでも、医療関係者よりむしろ福祉・教育関係者の多くが芸術療法を学ぶために参加しているのが実情です。皆、現場で芸術を治療的に役立たせたいと願っているのです。もちろん、福祉・教育関係者によるそれは、あくまで「治療的」であって「治療」ではないという解釈もできるでしょう。しかし芸術を用いてクライエント（芸術療法を受ける人）の「癒し」や「QOL（生活の質）」に貢献する療法は確かに存在しますし、障害児童に対する「療育」としての芸術の取り入れは、今日その重要性を増しています。またそれは、障害者が持つ個性から才能の開花へとつながる「アール・ブリュット」[*1]や「エイブル・アート」[*2]などの運動として社会的な認知も進んでいます。

　これらのことを踏まえた本書のスタンスは、[芸術＋療法]という言葉で呼ばれてはいても、芸術専門家や医療関係者の独占物だけではない、福祉的で広義の芸術療法（それらを「緩やかな治療」と呼ぶ関係者もいます）について考えていこうとするものです。もちろんその実践に当たってセラピスト（芸術療法を行う人）は、クライエント本人やその家族の了解を取ることはもとより、主治医及び福祉施設や機関の長、他の援助職員などと、事前事後に必要なケース・カンファレンスを行い、独りよがりな療法にならないよう気をつけるべきであることは付け加えておきたいと思います。

なお、本書は芸術療法の土台である「考え方」に対する記述に重点が置かれ、その中で紹介する作品は、著名な画家と10年近く前の児童の作品を除けば、多くは学生が演習の中で取り組んだいわばサンプルです。なぜなら臨床場面で描かれるクライエントの作品は厳密な個人情報の保護を受けなければなりませんし、軽々に事例として取り上げるわけにはいかないからです。たとえば治療家の中には、療法から10年という月日が流れていること、クライエントがその当時の病気を今は克服していること、事例に出すことを了承していること、という3つの条件がそろって初めて公に紹介する、と決めている者さえあると聞いたことがあります。したがって、本書が具体的事例が少なくてわかりづらいと感じるなら、それは著者の責任です。芸術療法の具体的取り組みとその結果としての作品については、読者がそれぞれの生活・臨床の場面で紡ぎ出してくださることを願うばかりです。その際、本書が、セラピストとしての自己を高め、芸術を用いてクライエントが持つ自己治癒の力、生きる力を引き出すための何らかのヒントになるなら、これに勝る喜びはありません。

* *1「アール・ブリュット」＝1945年に画家デュビュッフェが命名した。幼児、精神・知的障害児（者）などの既成の美学や造形理論にとらわれない、本能的で自由な創意から生まれる芸術のこと。
* *2「エイブル・アート」＝従来、「アウトサイダー・アート」などと呼ばれていた様々な障害者による、プロとは異なった新鮮さ、純粋な創作による芸術のこと。芸術の社会化、社会の芸術化など様々な可能性を引き出す運動として展開されている。

第1部
理論編

第1章

芸術の捉え直し

1. 芸術とは何か

(1) 普遍的価値の喪失

　美や芸術について考えることに、とかく私たちは尻込みしがちです。ごく一般に「美」や「芸術」という言葉からは硬質で近寄りがたいイメージを受けてしまいます。つまり、自分の生活臭にあふれた現実とどこか隔たった、高尚な世界を思い浮かべてしまうのです。

　また、別の見方もあります。そもそも「美しさ」に対する感覚は人それぞれに違いがあるので、そのことを理論として取り上げることに違和感を持つ、あるいはあまり積極的な意味を見いだせないという人もいるかもしれません。しかし美や芸術は、本当に私たちの日常生活とは隔たった地平に位置するものでしょうか。美しさの感覚は本当に個人の内部で完結してしまうものなのでしょうか。もちろん、これらの疑問が一筋縄ではいかない難しい問題を含んでいることも事実ですが、これらのことについて今から少し考えてみましょう。

　例えば先の話とは少々逆説的ですが、美や芸術は私たちにとって大変身近で簡単にアクセスすることのできるものでもあります。美人、美味、自然美など、その言葉は極めて日常的でわかりやすいものです。どの新聞を開いても短歌や俳句などの文芸に多くのスペースが割かれていますし、ラジオ、テレビをつければ美しい音楽芸術や映像芸術にもすぐ出会えます。にもかかわらず、私たちが「美」や「芸術」に抱く距離感はどこからくるのでしょうか。誤解を恐れず結論を先に言うならば、それは美や芸術の持つ「普遍的価値」にあるので

はないでしょうか。「普遍的価値」とはいつの世も変わらぬ永遠の価値、すべてに通じて存在する価値、つまり「真理」に他なりません。美や芸術に抱く距離感は、むしろ今日の私たちの生活そのものが「真理」から距離を置き、世の移り変わる価値に身をゆだねて生きていることの現れではないでしょうか。

　では、そもそも真理とは何でしょうか。「真理」とは文字通りに読めばまことの道理となりますが、芸術における真（真理）は、存在の背後にあり、いわば存在を存在たらしめているもののことです。古来よりその探求は人間が生きる上で避けて通れない命題でした。

図1-1　ポール・ゴーギャン「我々は何処から来たか、我々は何者か、我々は何処へ行くのか」
（出典：アラン・ボウネス著、冨田章訳『ゴーガン』西村書店、1994）

　人間というこの小さな存在について、例えば19世紀の画家ゴーギャン（Paul Gauguin、1848～1903）は「われわれはどこから来たか、われわれは何か、われわれはどこへ行くのか」（図1-1）という象徴的な画題を持つ作品を通して、人類に共通する、この「永遠の問い」を発しています。真理は1つであり永遠普遍の価値を持ちますから、そこへ到達するために各時代、各地域でその探求は続けられました。それはちょうど神なる山に、様々なルートから登頂を果たそうとする登山家たちのようにです。

　古代から中世においての客観的な価値基準は、世に三大理念と言われた「真」「善」「美」、あるいは「聖」という「真理」でしたが、近代に入り、時代が経つにつれてこの誰でもが認める客観的な価値基準は崩れていきました。

「善」1つをとっても、例えば日本人は太平洋戦争を経験して何が「善」であるのかわからなくなってしまいました。天皇中心の世界観が、実は軍部によって作られたものであること、現人神と信じた天皇は自分たちと同じ人間であったことなどが明らかになって、それまで「善」と信じ、命を賭して戦ってきたものが何だったのかわからなくなってしまい、良くも悪くも共通した日本人としての価値基準を喪失したのです。このことはヨーロッパでも同様でした。近代の合理主義、実証主義の台頭にあって、教会の一員として誰もが神の子であるという、それまでの人々の拠って立つ共通の価値基準であった「聖」というものは、およそ16世紀以降少しずつ崩れていきました。

　現代の日本の様々な状況もそのような近代の上、つまり目に見える豊かさ、科学と経済の信仰を生きてきた結果の上に成り立っているのです。目に見える物質的豊かさの追求とは、競争原理に他なりません。また、時代による価値観の相違は世代間断絶も生み出します。つまり私たちは普遍的価値を持つ「真理」を今はもう使わなくなった思い出の品のように棚上げし、ただ、より豊かに生活する術としての価値観を大切に、その時代その時代の動向、世相に自分を合わせながら、日々生きているのです。だからこそ「真理」に根ざした美や芸術に対して、自分とは隔たった、しかし何か内に懐かしい思いが募る、遠いあこがれのようなものを感じてしまうのです。

　一方、「美しさ」の感覚が人によって違うと考えるのも、現代のように移り変わる多様な価値観を受け入れる時には、最も自分を納得させることのできる考え方です。いつの時代も若者の新しい価値観は古い世代からは受け入れられませんし、現代はその若者ですら、共通の価値観を生きているとは言えません。そうであれば、今さら時代を超えた共通の普遍的価値に生きる必要など無く、「美しさ」という価値も、他者と共感し合う必要のない個別の価値存在と考えてよいわけです。むしろ多様で主観的な価値が、自由に存在することを許されているのが成熟した社会なのだと言うことさえできます。これが近代を通って現在ある私たちの、ごく一般的な美や芸術に対する感じ方ではないでしょうか。良い例が現代美術です。先に生活する「術」という言葉を使いましたが、現代美術もまた、その表現の「術」である方法論に軸足を置いて作品化

されているものが少なくありません。

　それはつまり奇を衒い、技術を競うけれど、一時面白いと思わせて後に何も残らない作品群のことです。もともと技術や表現方法とは、表現したい理念があってはじめて追求、模索されるべきものですが、共通した価値理念のない現代においては、目先の新奇さや技術を競うことが、手っ取り早く時代の共感を手に入れる道なのです。一般鑑賞者はそれらを好き嫌い、つまり一人ひとりの美的感覚の違いのレベルで論じるのみで、「私はこれが好きだ」「僕はこっちの方が面白いね」と言って話はその先へは進んでいきません。こうして「美しさ」の感覚は各自の内部で完結してしまうのです。これは近代が生み出した主観的な趣味概念です。そもそも美や芸術に関することは、一人ひとりの個人的な趣味の問題だというわけです。

(2) 芸術の持つ普遍性

　さて、こうして述べてきたのは、美や芸術に対する私たち現代人のごく素朴な理解のありようを把握するためでした。しかし今、私たちは近代を歩み超え、芸術を捉え直すためのもう少し広い地平に出る必要があります。それは美や芸術の持つ力、役割が今日ほど矮小化されている時代はないと思うからです。しかし「美」という普遍的概念は今も生きており、むしろ近代科学の方に振れ過ぎた振り子が大きく揺り戻されるように、美的体験の必要性が今日ほど求められている時代はないのではないでしょうか。また、芸術は宗教と深い関わりを持っていますから、共通した宗教的普遍価値の喪失した現代には、美的世界、つまり感覚的な世界を通って形而上的な神の叡智の世界へと到達する道が残されているとも言えます。感覚的というと、つい私たちは刹那的なものか、先に述べた個人の主観的趣味概念を思い浮かべてしまいますが、芸術の持つ美的感覚は普遍的な価値となり得るものです。

　例えば、誰もがよく知っているように、モネやゴッホら印象派の画家たちは日本の浮世絵から大きな影響を受けました。また、ベートーベンがシラーの「歓喜の歌」に曲を付けた最後の交響曲「第九」は、今日の日本では年末のクラッシックコンサートの定番となっています。これらは共に時代や地域を超え

てつながる芸術の普遍的価値の証明です。もちろんその普遍性のレベルは一定ではありません。画壇を代表する著名な画家の絵が、時代や地域を超えることなく消えていくという例はたくさんあります。それはその絵が画家の生きた時代の文化や国政、特定の鑑賞者にとっての価値にとどまったからに他なりません。もちろんそれもあるレベルの芸術的価値にはなり得ますが、本来、芸術の中に生きている人間精神とでもいうものは、単なる個人や時代を超えて世界とつながる力を持っているということです。余談ですが、生前まったく省みられることの無かった画家の作品が、後世においてその普遍的価値を認識されることもあるのです。

　美や芸術に対しては、よく、感動するという言葉を使いますが、この言葉の意味するところは何でしょうか。激しく心を揺さぶられる体験であることはわかりますが、それだけなら宝くじに当たるのも、交通事故に遭遇するのも感動することになってしまいます。もちろんそれは、言葉の使い方として適切ではありません。では、こう付け加えて説明してみましょう。感動するとは、ある対象への畏敬と賛美の念がそこにある時に使われる言葉である、と。美学者・渡辺護は『精神が衝撃を受けることだけが感動なのではなく、同時に対象への高い価値感情があり、その価値感情はなんらかの普遍的なものを志向することによって感動となるのである』[1]と、述べています。先に述べてきたように、多様な価値観の洪水の中で根無し草のようになってしまった私たち現代人は、芸術による深い価値体験によって普遍的なるものとのつながりを取り戻し、その意識が心の安定感を生むのです。

(3) 芸術と技術

　今日言われるところの [art＝芸術] はラテン語の ars に由来し、この言葉はギリシャ語の tekhne と同義です。技を意味する tekhne はそのままヨーロッパに伝わって technic となり、英語で言うところの [technique ＝技術、技巧、技法] は今や外来語として私たちにも馴染み深い言葉です。本来ギリシャ語の tekhne は当時の文化活動全体をさす言葉であり、アートとテクニックは同じ根を持つ言葉だったのですが、今日、芸術の価値においてテクニックの

占める割合は肥大しました。コンピューターグラフィックはその最たるものですが、芸術に限らず現代はまさに科学技術全盛の社会（technopolis ＝ technology ＋ polis）でもあり、技術革新は私たちの生活を目まぐるしく変えていきました。

　便利、快適を手に入れることはごく当たり前のこととなり、鉄道や旅客機の発達は言うに及ばず、欲しい時にすぐ手に入る24時間営業の店、家から一歩も出ずにできるネットショッピング、速さを売り物にする宅配、携帯電話機能の充実……etc。これら私たちが享受している豊かな生活のすべては、コンピューター技術の目覚しい発展の上に成り立っていると言っても過言ではありません。ところが、このことは私たちに良いことばかりをもたらしたわけではなく、目に見える豊かな生活の陰で失ったものも多いのです。例えば、早まった時間概念は私たちから「待つ」という精神的豊かさを奪ってしまいました。耐え忍んだり、ワクワクして、来たるべき「その時」を待つなどということは、ずいぶん少なくなりました。

　しかし失った最大のものは、何と言っても人と人とのつながりではないでしょうか。極めて合理的ではあるけれど、マニュアル通りにしか対処できない現代社会の状況を、社会学者J・リッツアは「社会のマクドナルド化」[2]と呼びましたが、最もマニュアルが効かないであろう人間関係でさえ、私たちはそれを求め、ハウツーやスキルに安易に頼ろうとします。

　本来人間は感情をぶつけ合い、摩擦や誤解と和解を繰り返しつつ、相手を理解していくものだと思うのですが、私たち現代人は、そのような相手との信頼関係を築くに至るまでのやり取りを単に「負」の過程と捉え、できれば省きたいと考えているのです。書店に行けばコミュニケーション・スキルに関する書籍はメインの棚に平積みされ、大きな売上げを上げています。上司向けの部下操縦術などはまだ良い方で、必ず相手を説得させる術、異性に好かれる話し方、果ては、「一言」で相手の心を動かす技術、などというものもあります。

　つまり冒頭で触れた、本来のartつまり芸術と同じ根を持つ言葉であったギリシャ語の［tekhne ＝技術］が、芸術を置き去りにし、技術のみを追求して芸術の根を枯らしてしまったのが現代だ、とも言えるのです。先に述べてきた

ような私たちの持つ、美や芸術に対する距離感はこのような時代背景に根ざしているのです。問題はいかに私たちが目に見える生活技術に、目に見えない感情や魂まで支配されかかっているか、ということなのです。

2. 芸術の今日的役割

(1) 人間の内なる真・善・美

さてこのように述べてくると、私が何か現代の科学文明や先端技術に対して否定的な見解を持っているようにも受け取られかねませんが、決してそうではないことを断っておかなければなりません。私に限らず現代では誰もが科学技術の恩恵にあずかり、そのことを抜きに私たちの生活はありえません。単に昔に帰ろうというのは、後ろ向きの考えでしかなく、むしろ私は、現代に生きる私たちの置かれている状況をその功罪を含めて冷静に分析し、世界全体というマクロコスモスと同様に、精緻な一人ひとりの人間というミクロコスモスの中に、本来あるべき調和と秩序を取り戻したいと考えているのです。そのためにも、科学とバランスをとるべき芸術の役割を見直したいのです。前節において私たちは、美や芸術の本来の価値と現代の近代合理主義から紡ぎ出された主観的な価値概念という地平を同時並行的に見てきました。本節では、芸術の力と、一般的に言われるところの主観的趣味概念とは違う、美や芸術の今日的な役割について述べていこうと思います。

前述したように真、善、美の真とは、いつも存在の背後にあり、その存在を存在たらしめているものです。真は日常生活においていつも隠れた存在です。だから私たちは日常的には、自分自身や周囲の世界が存在することを当たり前のこととして受け取っていますが、芸術や芸術的行為による美的体験を通した時、その普遍的真が確かに「在る」ことを感得するのです。また善について考えてみますと、プラトンの思想体系を統合し、新たな形でキリスト教中世という次世代に、それを引き継いだと言われる古代ローマのプロティノス（205〜270）は、真、美の関連の中に善の合一を見た哲学者です。私たちがいるこの現実世界の背後にはそれ自体が「原因」である一者があり、それは善であり無

限であって、現実のすべての形態に浸透している、と言うのです。プロティノスの思想は時代を超え、18世紀のゲーテ（1749〜1832）にまで受け継がれていきますが、すべての形態の中でも、とりわけ神の似姿として、人間の内に存在する真、善、美の資質についてゲーテは、プロティノスの言葉を借りて次のような詩作をしています。

　　眼が太陽のように輝かなかったら
　　どうしてわれわれは光を眺めることができるであろう
　　われわれのうちに神自身の力が息づいているのでなければ
　　どうして神的なものがわれわれを恍惚とさせることができるであろう[3]

(2) 芸術的行為の意味

さて芸術の今日的意味を明らかにする上で、このような古代の思想を復習したのには理由があります。私たち現代人が目に見える物質的価値基準に翻弄されているということはすでに見てきたとおりですが、今私たちは、私たちの持つ内なる真善美の資質を呼び覚ます必要があるのです。目に見える物質的価値ばかりか、人間関係の悩みの解決や自分が将来生きるべき方向さえ外注しようとする私たちは、真の意味の自立した人間とはなり得ていません。そして何か問題があれば自分の外にその責任を転嫁していくことが、個人でも社会集団でも当たり前の事となっています。だからこそ芸術を通してもう一度内なる声に耳を傾ける時代がやってきたのではないかと思うのです。

ゲーテから大きな影響を受けた思想家ルドルフ・シュタイナー（1861〜1925）は、外から示される規範や前例とは違う、自分自身の内なる源泉から取り出されたそのとき限りの決断を「道徳的想像力」[4]と呼びました。日常生活の様々な場面で迫られる決断に対し、最終的に頼るのは自分の内なる真、善、美であり、そのとき限りの代替の利かない行為です。

それは同時に芸術的行為と言うこともできます。生（ライブ）としての芸術がそのときそのときの鑑賞者との一体感によって成就することと同じです。このことは他の芸術でも私たちの日常生活でもやはり同様なのです。昨日観た

らピカソはわかった、バッハは一度聴いたからもう鑑賞済みだ、というのは芸術的行為と言えません。試験勉強ならそれで通るかもしれません。しかし人生は試しに生きているわけではありません。昨日と違う自分がまた新たにピカソと出会い、また、バッハを聴く、その度に初めて自分の中の真、善、美が共鳴するような気持ちを味わえないのであれば、その行為は芸術から遠いところにあるのです。そして、このことは芸術鑑賞にとどまりません。たとえ昨日と同じ自分が鏡に映っても、昨日と同じ顔ぶれの家族と出会っても、それは決して「昨日と同様」ではありません。目に見える物質的価値や予測可能なマニュアルに慣れてしまった私たちは、その中で安住している籠の鳥のように見えます。

　乳幼児の虐待から子どものいじめや差別の問題、中高年者の自殺や高齢者の生きがいの喪失に至るまで、毎日のようにマスコミを賑わす社会的事件や現代人の置かれている状況は、これまで述べてきたような人間の内的な本質にこそ、その処方箋はあるのです。目に見えない普遍的価値の獲得が、真に自由で生き生きとした人間性や新鮮な生命感覚を育むのであり、それが今は私たちの内に眠っているのです。

　ここに芸術、特に芸術的行為の今日的意味と役割があります。芸術療法との関連で言えば、絵画、音楽などの直接的療法は言うに及ばず、クライエントに対するあらゆる治療行為の根底に芸術が浸透している必要があります。芸術療法の目的は芸術的行為の創造のプロセスそのものにあります。その過程の中でクライエントは、自己の中にセラピストを見いだしていくのです。さて次章ではいよいよ療法としての芸術表現について述べていくことにしましょう。

第2章

療法としての芸術と表現

1. 人間と表現

(1) 表現とは何か

　人間にとって表現とは何でしょうか。表現という字句の解釈とすれば、目に見えないもの、観念としての無形のものを有形化する行為であり、もしくはその目に見える形そのもののことであると言えます。[expression＝表現]はラテン語の動詞 exprimo に由来しますが、その原義は「外に押し出す」ことであり、芸術に限らず、広い意味で人間の表現全般に当てはまる意味内容を持っています。表現者である私たちの活動領域は無限に広く、多様です。乳児は泣くという表現手段をとってあらゆる要求を親に伝達します。言葉を獲得すれば当然話すこと、聴くことによる言語的表現が中心となるのですが、私たちの日常生活では案外、非言語的表現が気持ちを外に表す（または相手のそれを受け取る）のに有効な場合が少なくありません。雄弁な人がいつになく黙り込んでいたり、人の後姿にある意志を感じ取って相手の気持ちに気がつくという経験は、誰にでもあるものです。それらも目に見える形（有形化）と考えれば、表現とは無数に存在するとも言えます。
　さらにそのような表現行為の結果として表される形態も、舞踏、スポーツにおける身体表現、歌う、奏でる音楽表現、描いたり作ったりする造形的表現、家具や道具類の機能美、家や町の景観美、自動車や飛行機のフォームの美しさまで、私たちの生活のあらゆる所に存在しています。これら無数の表現たちはもちろん、時代や地域の文化的背景を持っていますが、芸術的表現を区別して

取り上げるならば、そこには真に創造的な表現活動としての生命と普遍的意味が獲得されていることが見いだされるでしょう。しかし本書の冒頭で述べたように、そのような高度と思われるような表現や表現行為が芸術であれば、私たちには手の届かない世界の話だ、と考える必要はありません。

(2) ミーメーシスとしての芸術表現

西洋では古代以来伝統的に、芸術表現とは再現的模倣（ミーメーシス＝mimesis）を意味していました。プラトンは『国家』の中で、寝椅子の例え話を用いて一見芸術表現を否定的に論じています。[1] それを要約すると本性（実在界）の寝椅子、大工（職人）の作った寝椅子、画家（芸術家）の描いた寝椅子の3種類の寝椅子が存在した場合、プラトンにとっては本性（実在界）こそが真なる実在＝イデアの世界であるので、大工はこのイデアをもとに現実世界に寝椅子という家具を作り、その家具としての寝椅子をもとに画家は寝椅子の絵を描いたわけです。つまり、画家（芸術家）の仕事はイデア界の直接のミーメーシスではなく、芸術はイデア＝真理からは距離を置いた職人以下の所業であるというのです。

しかし、このことをしてプラトンの芸術観をすべて判断することはできません。なぜなら私は「模倣」の概念が現実世界を表面的になぞる、つまり模写することとは決定的に違うと思うからです。「模倣」は現実世界の再現であると同時に、人間の内なる世界（それはすでに述べているように、神の似姿としての普遍的価値を持つ人間の本質です）の外化的表現行為であり（その意味では表現を表出と呼ぶこともできます）、その意味で直接、間接を問わず芸術家がイデア界のミーメーシスとして創り上げるものを芸術と呼ぶなら、私たちは誰でも芸術表現の主体者になり得るのです。

このことはプラトンの弟子であったアリストテレスの芸術観の中に見ることができます。

アリストテレスは、プラトンが『国家』第10巻の中で芸術に対して消極的評価に使ったミーメーシス概念に積極的な意義を与えたのです。すなわち、色彩や形態によって神の似姿を創る美術や詩劇や音楽といった芸術の中に、いわ

ば直接的なミーメーシスを認め、イデアのような現実世界の外側に本質世界があるのではなく、芸術表現の中に本質世界そのものが内在するとしているのです。

2. 治療とは何か

(1) 治療と医療

　治療という言葉を、手近な辞書でその意味を見ると、「手当てをして病気、けがなどを治すこと」（角川国語事典　角川書店　1987）と出ています。この素朴な意味内容からすれば、擦りむいた傷を清水で洗うことも、おなかをこわした子どもに母親がお粥を作って食べさせることも、治療という行為であるということができます。しかし、もう少し大きな世界大百科辞典などを見ますと、まず「治療」という項目の説明が「→医療（の項を参照せよ）」で終わっています。そこで「医療」を見ると、はじめに「病気という名前で呼ばれる個人的状態に対し、それを回復させるか、あるいは悪化を阻止しようとしてとられる行為をいう。その内容は、病気を診断し治療することであるが、実施にあたるのは近代的社会では法律的にその資格を独占的に与えられている医師が中心になるところから、医師の行う行為一般に拡大されることもある」[2]とあります。そこには「治療」が医師免許を持つ者が行う「医療」行為と同義であるという前提があります。もちろんこの「医療」の項には、さらに医療の基盤、倫理、歴史などの説明が詳しくなされているのですが、いずれにせよ、自分で傷口を洗う行為や母親が子どもにお粥を食べさせることは、治療の範疇には入っていないことになります。そうなると私たちがここで療法（セラピー）、つまり治療の方法にまで踏み込んで考えようとするときに、どうしてもその前提となる資格の問題にぶつかってしまいます。このことは後ほど「芸術療法家（アートセラピスト）とは誰か」という別章で詳しく述べていきますが、ここでは「治療」という言葉の解釈を「医療」に限定してしまうと見えなくなってしまう、その本質的な意味内容について検討してみたいと思います。

(2) ヒポクラテスの治療観

　人間にとって病気やけがというものは、診断名がついて医療の対象となる以前からもちろんありました。およそ紀元前15世紀にはエジプト、メソポタミアなどで治療（医療）が行われていたという記録が残っているようです。また、まだ言葉を持たなかった原始民族では、今日の医師の役目を果たす［medicine man＝癒しの人］の存在がありました。原始治療は原始的宗教と不可分の関係にあり、万物に霊の存在を認めるアニミズムに根ざすものであったり、薬草、食餌療法などの対処療法とともに、祈祷やまじないに頼る呪術的な色合いの強いものでした。しかし、現代人の立場からそのことを、非科学的で吟味に耐えないと、すべて切り捨ててしまうことはできません。なぜなら私たちも近代科学に全面的に身を委ねているようでいながら、何かあれば「苦しい時の神頼み」をし、縁起を担ぎ、季節の草花、風の香りに心身の疲れを癒すことがあるのですから。

　自然科学的な意味での医学の幕開けは古代ギリシャの医聖ヒポクラテス（紀元前460～375年頃）に始まると言われます。ソクラテスの弟子プラトンやアリストテレスといわば同時代人であったヒポクラテスは、彼ら同様に哲学者でもありました。この頃の治療の前提は、人をただその個人としてのみ見るのではなく、変転する万物の中の一部として捉えています。だから、人体内部の病根のみを見るのではなく、土地の気候、風土、食事、人的環境など、その人の置かれた全人的な視点に立ち、観察と分析を加えたのです。そして万物との調和こそ治療の目的と捉えたのです。もちろん人体内部に対する解剖学的な分析は今日と比べるべくもないと思いますが、クライエントの環境を全体的に見ていこうとする治療のあり方は、今日の医療や看護、福祉的ケアの概念に照らして、色あせることのない指針になり得るものです。ヒポクラテスらの治療観からすれば、その治療は神なる領域の技、つまりアートに等しいものだったのです。例えば、臨死のクライエントに対し、無理やり延命させようとはせず、人の寿命というものを人知を超えた領域の出来事と解釈しました。そして死期を予言する技術に重きを置いたというのです。つまり、できるだけ正確な死期を告げ、クライエントがその死を「良く生きる」ように腐心したのです。もうお

わかりでしょう。このことは今日のホスピスにおいて行われている、いわゆるターミナルケアそのものです。

(3) 治療におけるアート

日野原重明は、2400年前のヒポクラテスから近世までの医学が「art of practice medicine ＝医の実践の技」と呼ばれていたことに注目しました。現在、医学は通常「medical science」と言います。scienceがラテン語の［scientia＝知識］を語源とするのに対し、practiceはギリシャ語の［praktikos＝行動に関する］がその源です。つまり近代医学は「知識」を中心として科学的技術を発展させてきましたが、本来、医療や治療の本質にあったのは、「art＝技」だったのではないかというのです。[3] 医学の発展は日進月歩でまさに目を見張るものがあり、私たちは大きな恩恵を受けています。しかしウイルスもまた耐性と性質を変えていき、薬害や医療ミスなどの人災も止む気配がありません。そう考えた時、医療の出発点がscienceではなくartであったということは意味深いことだということがわかります。Artは技であり一方で芸術のことです。そしてここで言う芸術とは人間の内なる真・善・美が紡ぎ出す「愛の技」とも言えるのです。そこにはクライエントを含めた人間に対する畏敬の念があるでしょう。そして治療者（セラピスト）もまたクライエントによって生かされているという、ホリスティックな世界観（この世に存在するものはすべてつながっていて、1つの調和を生み出している）が根底にあります。治療とは人間を包み、また一人の人間の中にも同様に存在する自然治癒の力を効果的に引き出す、実践としての愛の技に他ならず、その実践の中にクライエントに関わる治療者の人格形成が果たされ、真に望ましい人間関係の絆が培われるのです。

3. 表現はセラピーになり得るか

(1) 共有される芸術表現

すでに見てきたように、私たちは例え一般的に言われる芸術家でなくとも、芸術表現に主体的に関わることのできる存在です。自己の内面を見つめ、それを芸術的表現行為の中で模索するとき、私たちは誰でも自己探求者として「芸術家」の道を歩み始めています。

また、そうであるからこそ優れた芸術作品の鑑賞においても、その作者の内的表現の内に、鑑賞者である自己の何たるかを発見し、感動するのです。

つまり芸術の表現活動にとって本質的に重要なことは、その表現を通して内的な自己探求が他者に伝えられ、理解されるということです。ゴッホの自画像に私たちが感動するのは、彼の抱える病気や生きにくさに対し、絵画によってその救いを見つけようとする、いわば魂の叫びとも言うべき自己表現をそこに見るからです。私たちは具体的にはそれを形態、色彩、筆づかいの一つひとつに発見し、理解するのです。

近代社会の抱える価値観の多様化と大衆、市民社会の中に埋没してしまう私たち匿名の一個人は、その孤独感、疎外感をより強めています。私たち個人は、社会や学校の中でそれぞれの役割や肩書きを持って生活しています。しかしすべての社会的自己を取り去ったとき、本質的な自己とは何でしょうか。「私は誰なのか？」という問いは、日常の社会的な営みの中に封印されています。芸術的な表現は好むと好まざるとにかかわらず、そこに踏み込むのです。芸術表現の世界は、その主体者個人の個別的・主観的活動でありながら、相互に理解され、共有され得る世界なのです。ですから、前述したように現代美術を含む新しいアートの中にある、他者に共有され得ない表面的な世界のなぞりや社会的な傾向に第一義的に迎合してしまうような表現行為からは、真の芸術的な共感が得られません。そこには本当に芸術表現せざるを得ない必然性がないからです。

(2) 芸術と精神分析

　さて、このように私たちは通常の言語的コミュニケーション手段では表現し得ない、しかし他者とも十分に共有し得る内面的な自己を誰もが持っていますが、このことは今日、精神医学の分野でフロイトが発見した無意識の存在として理解されています。フロイトは意識と無意識の葛藤の中に、幼児期の抑圧という心のメカニズムを主張しました。フロイトの創始した精神分析の治療過程に若干踏み込んで話しますと、クライエントの開かれた意識における大人の部分と、通常、生活の表面に現れない無意識的な子どもの部分を、治療場面において治療者は同時に扱わなければなりません。この無意識的な子どもの部分は「転移」感情として治療者に向けられますが、場合によっては治療者自身が心の内に抱えているそれもまた、治療の経過の中で引き出されクライエントに向けられるのです。フロイトはこのことを「逆転移」と呼んだのですが、つまり精神分析の治療過程とは、治療者である分析家とクライエントとのダイナミック（力動的）な心のやり取りを通して行われると言えるのです。これに対してユングは、フロイトの説く固体的な無意識の根底にすべての人類が進化の途上で経てきた共通の集合無意識を認め、治療の目的は個人のライフサイクルにおいて、どのような元型（集合的無意識の内容となっている単位。影、ペルソナ、太母、アニマ、アニムス、セルフなど）としてのプログラムが活性化されず、経験されてこなかったのかを発見することだと考えたのです。通常の社会生活の中にあって生きられなかった人生を生きるように手助けすることが、ユングの精神分析の目的でした。無意識の領域は目に見えない人間の本質に由来していますから、そのイメージや象徴は他者に共有される芸術の中に姿を現し得るのです。

　集合的無意識は夢や神話、ファンタジー、宗教などに立ち現れ、あたかもそれが私たち自身のものであり、真実に根ざしていると感じるのはそのためです。芸術家に限らず、無意識に由来する絵を描くとき、私たちは抑圧されたために忘れかけていた本来生きるべき内容を想起し、それに伴う情動を表出し、解放させる「カタルシス」を味わうのです。このような内的エネルギーの発散は、それ自体が芸術における癒しなのです。こうしたユング派の絵画療法に限

らず、絵画、彫刻、詩歌、舞踏、音楽、文学、演劇、写真など、様々な形を取って表現される人間の創造的側面は、皆、内部的な治療効果を生み出すもとになっているのです。精神医学の分野では、他にもたくさんの重要な仕事をした人たちがいますが、ここではその代表的な芸術療法家であり、アメリカ芸術療法の先駆となったマーガレット・ナウムブルグ（Margeret Naumburg 1890～1983）を紹介しておきます。その技法は自由連想的で自発的な絵をクライエントに描かせることで、無意識のうちに抑圧されていた葛藤や感情が解放され、絵画上に象徴的にそれが投影されると考えるものです。ナウムブルグが臨床に応用した「なぐり描き法」は、描かれた自由な形からイメージを見つけ発展させていく精神分析的手法で、1970年代に精神科医の中井久夫が紹介して以来、今日の日本でも盛んに使用され発展しているものです。ナウムブルグの技法については本書の実践編の中で、もう一度取り上げます。

4. 芸術療法の解釈

(1) 芸術療法の広義

もちろん私たちは日常生活において、表現することで無意識に自己治療を行っています。

落ち込んだときに好きな音楽を聴いて自身を慰めたり、イライラしたときに子どものように壁いっぱいになぐり描きができたら、どんなにスカッとするだろう、と思うこともあります。そんな負のエネルギーを一部の若者は、車を暴走させることで発散させていると言えなくもありません。また、先に述べたように大衆、市民社会の中において自身のアイデンティティー（存在証明）を得られない私たちは、表現することで生きる場や可能性を広げていくこともできるのです。それは特に子ども、高齢者、障害者などいわば社会的弱者にとってより有効なものです。精神医学の分野における体系的な芸術療法の発展は認めますが、それは芸術療法の可能性全体を映し出すものではありません。その意味では現在、他分野も含めた表現アートセラピーという言い方が一方でなされていることも事実です。アートを分析や解釈から解放し、自然の力とつなが

り、その調和の中で生きることを目的とする太古から存在する表現アート（expressive arts）は、絵画、コラージュのような視覚的アートのみならず、ダンス、発声、音楽、ドラマ、詩や文章の創作など様々な媒体を用いて自己表現することによって、心身の解放、癒し、自己の可能性への信頼、創造性の開花などを目指すものです。今日の日本において「芸術療法」という言葉の中身が、その名前を冠した学会（日本芸術療法学会）の存在が示すとおり、精神医学、分析心理学の分野に比重が置かれている印象はぬぐえません。もちろん芸術を積極的に活用、発展させてきたその分野の研究者や臨床家たちの功績は大きなものがあります。しかし、芸術療法を精神疾患への適用を中心として考えることは、その可能性を広がりのあるものにすることにはなりません。

　それは医療行為として特定の資格と権威ある者が行い得る技（わざ）として有効であっても、私たちの日常生活からは距離のあるものにならざるを得ません。同様に、芸術の療法的側面は、才能ある芸術家が行い得る孤高の技でもありません。それもまた、相変わらず私たちに縁遠い、高尚でどこかよそ行きの芸術イメージを確認させるだけです。

　本書では、日本の教育に言及しませんが、1つだけ述べるならば、戦後教育が国の復興の名の下にひたすら社会（この場合ほとんど経済界と同義の）に有為な人材の育成を目指し、人間の本質と密接に結びつきながら、人生の伴侶となるべき宗教や芸術といった、目に見えない価値をないがしろにしてきたことが、人心を荒廃させ、かつ芸術文化の多様な可能性の追求を阻んできた大きな要因の1つでしょう。いずれにせよ、芸術が、これまで述べてきたように万人が持つ内的な本質と結びついたものである以上、その表現を通した治療行為もまた、一部の才能ある芸術家や精神医学分野の独占物ではなく、広く社会の文化活動となるべきものなのです。

(2) シュタイナーの芸術治療

　人智学（Antroposophy、アントロポゾフィー）とはルドルフ・シュタイナー（Rudolf Steiner、1861～1925）が創始した思想運動です。それは人間の成長のプロセスと宇宙の生成とその移り変わりとを、いわばスピリチュアルに結

びつけるという精神科学の立場をとっているのですが、シュタイナーの功績は決して非合理的神秘主義に陥ることなく、認識論的な世界観を持ってその思想を、具体的な教育や医療、福祉の分野に結実させたことでしょう。シュタイナーは人間存在を肉体、生命体、感情体、自我（さらに進化の過程で獲得されるものがあると考えているが）の4つから成る構成体と考えました。人間は一見、自分の思い通りに生きているようでいながら、感情に流されているときが少なくありません。シュタイナーは人間本来のあり方は自我を基盤として生きることだと考えたのですが、この自我とは日常私たちが「我を張る（通す）」という言い方で表される自我のことではありません。そのようないわば低次の自我は身体や感情に依存していますが、本来の自我は日常生活の中ではまだ十分に実現されていない高次の「私」であり、それはこの現実世界の制約や教育、経験知によって培われた社会的自我ではなく、まったく自発的に自分の内部から出てくる自我のことであるというのです。この自我は1人ずつ違う個別の「私」でありながら、芸術同様、万物に共通普遍に流れている価値とつながっています。

　ですから保育や教育の分野で、よく「子どもから学ぶ」と言いますが、誕生してからの社会的経験知の少ない子どもでも、その分、曇りのない普遍的価値に自我を支えてもらっているので、時に大人でさえ、はっとするような真実を言い当てたりするのです。シュタイナーの言うこの「自我」の発達は、前述した分析心理学のユングにおける自己（セルフ）の個性化のプロセスに通じるものと言えるかもしれません。

　また、シュタイナーは芸術的洞察に優れており、特に日本でシュタイナーの名声を高めた教育の分野において彼は、大切なのは「教育芸術」だという言い方をしたのです。もちろんこの場合の芸術とは、単に教科としての美術や音楽のことを言うのではありません。

　芸術的行為の大切さについてはこれまで繰り返し述べてきた通りですが、社会に適応することを追及するあまり教育が見失っている本来の人間性を回復させることに、芸術の力が必要だということなのです。色彩、光、音、響き、リズム、味、香りなど、そしてそれらが巧みに織り成す芸術にひたされながら、

子どもは文字の生まれた意味や数、形体の秘密、繰り返される動植物の生の営み、自分を含めた人間というものへの深い理解へと導かれていきます。シュタイナー教育研究の子安美知子はそれを「思考活動が芸術の中から結晶するように、形成されていく」[4]と述べました。そしてこのことはシュタイナーの芸術による治療的側面に、より端的に現れています。シュタイナーの場合アートとは、精神分析理論に照らしてクライエントの作品から無意識のシンボリックな内容を読み取ることではなく、芸術の創造行為に助けられて知覚を鍛えていくことで、自然と美と調和に接する喜びを感じることが目的なのです。喜びと発見を伴う形態、色彩、響き、動きによる創造行為が、クライエント自身の内なる能動性に働きかけ、心身の不調和を取り除き、混沌を秩序付けることを学ぶというのです。シュタイナー派の芸術療法士・吉澤明子はそのことを次のように述べています。『患者の芸術表現は患者の「今のあり方」の医学的診断に供されるものではなく、患者が「将来ありたいと望むそのあり方」への可能性を与えるものでなければならない』。[5]

(3) ナタリー・ロジャースの表現アートセラピー

著名な心理学者カール・ロジャースを父に持つナタリー・ロジャース（Natalie Rogers、1928〜）の開発した芸術療法は、表現アートセラピーと呼ばれ、絵画、造形、ダンス、演劇、声（歌唱、発声）、演奏、文芸（詩、文章）といった様々な芸術的自己表現を用いて、心身の解放や癒し、自己成長、創造の可能性を援助するものです。したがって、人間性を尊重するこのセラピーは、芸術（アート）を診断や治療的分析の手段とするような、医学モデルのアートセラピーとは異なります。私たちの日常生活において発見される、電話中のいたずら描き、日記をつける習慣、鼻歌、気分転換の散歩などの何気ない自己表現が心の状態の変化に影響を与えるという、表現の持つ自己治癒的プロセスと関係しています。

カール・ロジャースの来談者中心の哲学は、すべての人の中に成長への衝動が本来備わっている、という信念に基づいていますが、ナタリーのアプローチもまた、人間の潜在的な自己治癒力への信頼に基づいています。彼女は著書の

中で、「人間性尊重の原則」[6]を14か条述べています。その中で特に中心的で独自性の強いものを次に示し、次節においてシュタイナーとの共通性や芸術療法におけるホリスティックな視点について考えてみましょう。

- 個人の成長と高次の意識状態は、自己への気付き、自己理解、そして洞察によって達せられる。
- アート様式は、筆者がクリエイティブ・コネクションと呼ぶ方法において、相互に関係し合う。身体を動かすと、書くものや描き方に影響を与える。書く（描く）ことによって、私たちがどのように感じ、考えるかに影響を与える。クリエイティブ・コネクションのプロセスでは、1つのアート形態が別のアート形態を刺激し、養い、生命力の源である内奥の中核や、本質に私たちを導いていく。
- 私たちの生命力（私たちの内奥の中核、または魂）とすべての存在の本質の間には、つながり（コネクション）がある。
- それゆえ、私たちが自分の本質や全体性（wholeness）を発見するために内なる旅をするにつれて、外の世界と自分との関係性を発見する。内界と外界は1つになる。
- 安全で、支持的な環境は、純粋で温かく、共感的でオープン、正直で自己一致しており、思いやりのあるファシリテーター（教師、セラピスト、グループリーダー、両親、同僚）によって作られる。

(4) 芸術療法におけるホリスティックな世界観

まず初めに、前述した「人間性尊重の原則」の語句説明から行いたいと思います。「高次の意識状態」とは、アブラハム・マズローらが提唱した人間性心理学の「至高体験」をイメージさせるものですが、理性で縛られている自分を解放するこのような自己超越は、芸術（ナタリーの言う表現アート）という枠組みを必要としています。

心の中の豊かなイメージはそれだけでは未だ表象体験に過ぎず、具体的な表現として外化させることで、美的体験は意味あるプロセスを完結させることが

できるからです。別の言葉を使えば、それは着地点ということもできます。音、リズム、色彩や形態、身体の動きなど様々な芸術的要素は、感覚を鋭くさせ、イメージを広げ、集中と同時に開放感をも味わうでしょう。それはちょうど地上を離れ、重力から解放されて世界を俯瞰するハンググライダーに似ています。ハンググライダーは確かな着地点があって初めて、その体験を成就させることのできるスポーツです。同様に高次の意識状態とは、自己への気付き、理解、洞察を理性的に行う作業によってその目的である癒し、治癒、自己成長が促されるということではないでしょうか。次に「クリエイティブ・コネクション」とは、視覚的アート、動き、自由に書くこと、音楽など異なる表現媒体を組み合わせ、連続的に展開していくことを言います。その相互高揚作用によって表現者は自己探求を促され、本来的で普遍的自己へとつながっていくのです。

　さて、これらの意味においてシュタイナーの芸術治療とナタリー・ロジャースの表現アートには、共通概念を読み取ることができます。それは第1に、芸術がその表現プロセスにおいて果たす治療的役割に重点を置いていることです。療法としての芸術的表現行為は、時として興味深く、高い芸術的香りのする作品や練達な技能が作品に現れることもあります。

　芸術療法は、表現結果（作品）によって自己の可能性に目覚めたり、社会参加が促される場合を否定しません。しかし、真摯な芸術行為者は、常に創造のプロセスの治癒的側面を理解し、芸術を自身にとってのセラピストにすることができるのです。第2はそのホリスティックな世界観です。

　ホリスティック（holistic）とは、whole（全的な）/ holy（聖なる）/ heal（癒す）/ health（健康）などの共通の語源となるギリシャ語の［holos＝全体］からの造語であり、今日では国境を超えて共有することのできる重要な思想上の鍵となる言葉です。存在するすべては相互につながり合い、あるものはあるものを支えて、かつ全体として調和している、とするのがその意味となるでしょう。このことは、哲学も宗教的な教義も論理的であること（ロゴス）を基底とした西洋に比べ、私たち東洋人には比較的わかりやすい考え方かもしれません。例えば、仏教には「縁起」という概念があります。私たちは日常的に、

縁起が良いとか悪いということを言います。長尾雅人の『仏教の思想と歴史』（世界の名著2　大乗仏典　中央公論社　1967）によると、『「縁起」とは本来「あるものに縁ってあるものが起こる」という意味であり、すべての存在は自分が自立して存在するものではなく、必ず他に縁り、他を縁とし、他との相対性において存在する』というのです。[7] ここにはホリスティックに共通する概念が含まれています。

　さて、その包括的意味内容からしてホリスティックが対象とする分野は、哲学、宗教、文化、教育、医学、環境、福祉、芸術、農業、社会学、各種セラピーなどおよそ私たち人間の生活全般に及んでいます。ここでは芸術療法に深く関係する、その生命観やホリスティック・ケア、ホリスティック医学の諸側面についてのみ若干の解説を試みることにします。

　ホリスティックに関する文献を見ると、その生命観にキーワードとして「融合」の文字を当てています。[8] 通常私たちそれぞれの生命は、それぞれの身体に宿った個別の存在として理解されています。しかし、実は私たちの互いの命は1つにつながっていて、そのことが生命への畏敬を生み、愛や友情が深い生命の喜びとなって体験される源になっているのです。芸術療法の分野でもグループワークは行われますが、共同制作や心理劇などでグループ構成員の力動的側面がお互いの治療に大きく作用する場合があります。演劇や映画制作、共通のイベント体験やプロジェクトなどでも、私たちはメンバーが協力し合って1つのことを成し遂げたとき、限りない喜びを感じることがあります。それは私たちの生命にとって、愛や友情、協力や分かち合いがその本質であることを教えてくれます。

　繰り返しになりますが、高度に合理化された現代の文明社会は、すでに私たちの表層の下に「疎外感」「空虚感」「漠然とした不安感」を形作っています。ですから「癒し系」という流行り言葉が生まれ、もてはやされるのです。そしてこの表層下の不快感はどれも引き裂かれてしまった「全体性」の喪失に由来しています。また、ホリスティックな生命観は単に人間同士の命だけを取り上げて考えるものではありません。動植物や自然界の様々な生命の営みは、私たち一人ひとりの命と無縁ではなく、まさにお互いは他のものを支え合って生き

ています。

　かつて物理学者ラブロックは「地球生命体」（ガイア理論）という概念を提唱しましたが、地球自体が私たち同様、かつて生まれ成長発達する1つの生命体と捉えるこの考え方は、今は地球環境の問題ともあいまって、ごく自然に受け入れられているものです。

　ホリスティック医学は近年、日本ホリスティック医学協会が作られるほどにその研究が盛んです。その概念は、人間を肉体、精神のみならず、気や霊的（spiritual）側面を含んだ有機的総合体と捉えて、社会、自然、宇宙との調和に基づく包括的、全体的な健康観に立脚しているものです。そこでは当然生命が本来的に持っている自己治癒力を癒しの原点とし、クライエント自らが癒し、医師やセラピスト・看護者は援助する、という立場をとります。治療よりも養生、ライフスタイルの改善などクライエントの主体的姿勢が基本になり、ひいては病気や障害、老い、生と死などに対する、否定的でない深い意味に気付き、そのプロセスにおいて自己実現を目指すことが目的となります。

　以上、生命観や医学的観点からのみホリスティックの概念を見てきましたが、これらは芸術を媒体とする療法において、シュタイナーやナタリー・ロジャースに共通する、基本的で大切な人間観、世界観を示しています。また、ここでは取り上げませんでしたが、病院内のアトリエを、患者が絵を描き自らを癒す場として開放し、当時主流であった分析よりも、芸術表現はそれ自体が語るとし、その過程を治療的本質と信じた、イギリスのエドワード・アダムソン（Edward Adamson、1911～1996）他、ホリスティックな意味での芸術療法には様々な実践家が存在します。また、日本芸術療法学会の中心的メンバーである精神科医たちがまとめた『芸術療法1理論編』（岩崎学術出版社　2002）にも、「人間のための医学芸術」という項で、ホリスティックな視点の重要性に触れていることも付け加えておきます。

第3章

発達的アプローチから見た児童画

1. 描画発達の過程とその意味

(1) 子どもの絵の研究

　ここまで様々な視点から芸術とその療法的解釈を見てきましたが、本章ではいよいよ絵画療法の分野に話を進めて行きます。一口に芸術療法と言っても、そこには絵画、音楽、陶芸、舞踏、造形、演劇（心理劇）、箱庭、創作文芸、連歌・連句、華道、書道など、様々な分野があり、加えて今日では園芸や料理、自然や住環境など、人間の生活全体を芸術的な観点で捉え直そうとする療法的な取組みも見られます。その中でも特に絵画（描画）については、誰でも幼い頃一度や二度は落書きの経験を持つでしょうし、学校教育でも経験したことのある手技手法を基にしているので、広く一般的に用いられることの多い分野です。しかし、私たちは子どもの頃どのような絵を描き、そこにどのような発達の法則性があったかについては考えもせず、教えられもしませんでした。かつて絵は、大人の、それも優れた才能のある画家の領分でした。まして素人であればタブロー［tableau＝完成された作品絵画（仏）］ならともかく、下絵やデッサンの類は記録や保存に値しないと思われていました。大人の絵でさえそうですから、子どもの描いた絵などは、落書きとして省みられなかったとしても無理はありません。そもそも子ども（児童期）に対する関心が芽生えたのはやっと18世紀に入ってからであり、哲学者であり、教育者であったジャン・ジャック・ルソー（Jean Jacques Rousseau、1712～78）の、大人と区別された「子どもの発見」がその先駆といっていいでしょう。子どもの絵の発達研

究ともなると19世紀に入ってからのことであり、ルソーからさらに長い年月を必要としたことになります。

　今日ではもちろん子どもの絵は、その発達的、心理的、教育的側面など様々な分野から多角的に研究されています。また、専門家のみならず子どもを取り巻く両親や兄弟、祖父母にとっても、子どもの絵はほほえましい成長の記録として、保存、鑑賞の対象となっています。このように、子どもの絵についてはその社会学的な側面も加えれば、とても広範囲な研究分野に及び、本書の中でその全体像に言及するスペースはありません。したがって、本章ではあくまで絵画療法に的を絞り、本節においては描画解釈に欠くことのできない描画の系統的発達段階の理解を、次節においては描画に表される描いた者の「思い」について述べておきます。なお、描画に表される色彩やシンボルの解釈については別章で詳しく述べていくことにします。

　子どもの描画活動の発達に関しては、19世紀後半からその研究が盛んになり、主なものとしては1905年ドイツのケルシェンシュタイナー（G・Kerschensteiner）による『子どもの描画能力の発達』、1927年フランスのリュケ（G・H・Luquet）の『子供の絵』、イギリスのハーバード・リード（Herbert・Read）は1945年に『芸術による教育』を、オーストリア出身のローウェンフェルド（Viktor・Lowenfeld）は1947年『美術による人間形成』を、ドイツのグレツィンゲル（Wolfgang・Grozinger）は1952年に『なぐり描きの発達過程』を、ブリテンは『幼児の造形と創造性』を、1969年にはアメリカのローダ・ケロッグ（Rhoda・Kellogg）が『児童画の発達過程』をそれぞれ発表しています。

　これら多くの研究は地域性や時代性の違い、さらに研究対象になった子どもの素質や年齢などで若干の違いがありますが、それらを超えて人間の描画に見られる普遍的に共通する特徴もまた挙げることができ、そこには人類の進化とオーバーラップする神秘的とも言える表現が展開されています。では年齢ごとにその発達順序を見ていくことにしましょう。

(2) なぐり描き期・錯画期（1歳～2歳半頃）

　乳児期（0歳～1歳半頃）は心身の全体的発達に伴い、つかむ、握る、破く、なめるなど五体五感すべてを使って外界に働きかける時期であり、いわば絵描き行動以前の準備段階といえます。やがて、手近な描画材料（クレヨン、鉛筆など）を握ってたたきつけるように点を打ったり、こすりつけながら紙に線を描いたりするようになります（図3-1）。もちろんこれらは前もって何かを描こうとする描画とは異なり、リズミカルな運動的快感の延長です。描画活動はおよそ1歳を過ぎて両手が比較的自由になってから始まりますが、手の機能の発達やその子を取り巻く環境によって始める時期に差が出てきます。点が打たれた後、方向のない無秩序な線、左右、上下、往復線という順序でなぐり描きは進みます（図3-2）。肩、ひじ、手首などの関節や筋肉の発達に伴いながら円形運動ができるようになると、曲線や渦巻き線が描かれ、手を回転させながらリズム感のある円形スクリブル（Scribble）が表現されます（図3-3）。このような描画は、空間で手を動かすのとは違い、自分の手の運動が筆跡としてはっきりと確認でき、自分の意思に従って身体を自由に動かす訓練になるという意味からも、幼児の成長にとって重要な意味を持ちます。

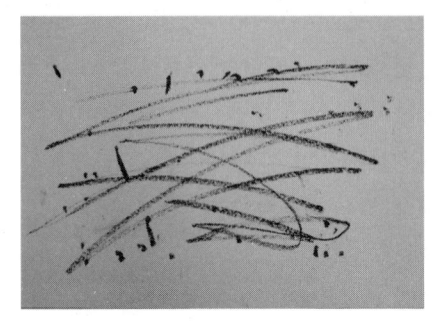

図 3-1

図3-2

図 3-3

(3) 意味付け期・象徴期（2歳～3歳頃）

腕の回転運動によるうず巻きの描画は、やがて独立した一つひとつの円として画面に完結するようになります（図3-4）。また、自分の感情や心に描いたものをイメージ化する能力は2歳頃から始まりますが、たまたま描いたスクリブルから何かをイメージし、それに「ママ」「ワンワン」などと言葉で意味付け（命名）をするようになるのもこの時期です。しかし、その命名はまだ十分に固定したものではなく、意味付け直後に変わってしまうこともあります。

図3-4

円は子どもにとって根源的な形態であり、地域、時代を超えて世界中の子どもがまず円を用いて意識的な表現を始めようとすることは厳粛な事実です。ドイツの象徴学者マンフレート・ルルカー（Manfred・Lurker、1928～）は『円は自己完結と合法則性と、またある意味で結合を表す図形である。小さな子どもはそれと知らずに円の象徴を身体の中に吸収する。（中略）円形を描きながら小児は、中心の存在に目を向ける』と述べています。

この頃の子どもの自我は世界と未だ分離しておらず、内なる中心からすべての解釈が生じている、と言えなくもありません。やがて図式としての円はさらに複雑になり、円の中に小さな円を含む「同心円」、円を十字型で分割する「マンダラ」、円の周囲に放射線を描く「太陽図形」などが描かれていきます。

(4) 前図式期・カタログ期（3歳～5歳頃）

3歳頃に特徴的な描画は、何と言っても「頭足人」の出現です（図3-5、3-6）。これは最初の人物表現と言われるもので、人物を頭（顔）だけで象徴的に表現しそこから直接手足が描かれるものです。一般的には足が最初に描かれ、その後で両手、最後に胴体が意識的に描かれる時期が訪れます。驚くことにこれも世界中で地域や時代を超えて、ほぼ3歳頃に出現する描画の普遍的表現で

図 3-5

図 3-6

あり、幼児はもとより、時に成長した少年少女でさえこの時期の描画に退行することがあることを考えると、少しでも描画に関わろうとする者は、この発達段階を正確にわきまえている必要があります。まるで宇宙人のような人物の出現に必要以上に驚いたり、「あなたには、そんな風に見えるの?」などという的外れな指摘によって、描画の持つ内面表現の必然から子どもを遠ざけてしまうことのないようにしなければなりません。また、この時期は心身の発達に加え行動範囲や社会性もぐんと広がり、円のほかに三角形や四角形も獲得され、思いついたものを相互の関連なく何でも描く時期でもあります。一般的には児童画の盛りの時期であり、それまで経験してきた生活体験を土台として、子ども自らが形を想像していく、驚くべき天才の時期でもあります。それは誰が見ても理解可能な形態が少しずつ表され、周囲の大人に理解してもらえるという張り合いもあるでしょうが、同時に写実的な表現への欲求とは未だ無縁であり、思ったことをストレートに表現して満足できる時期だからでもあります。つまり就学前のこの時期には、描画における大人の写実的な価値基準を持ち込むことを慎重に避けなければなりません。セラピストとしての具体的援助方法は後述しますが、クライエントの描画を批判的に見たり、分析的に観察することより、まずは共感を持って受け入れる姿勢が必要なのです。

(5) 図式期・覚え描きの時期（5歳～9歳頃）

この頃には大人から見て多少の不合理はあろうとも、何を描いたのかわかる様式化された表現が確立されます。理解可能な図式（Schema　独）としての描画について、先のローウェンフェルドは基底線（base-line）が描かれる前の時代を様式化前の段階（前図式期）、その後を様式化の段階（図式期）と分けて考えていますが、図式的な表現では、様々な図記号が一定の秩序を持って画面に配列されるようになります。つまり画面を1つの統一した世界観として意識するようになるわけです。図式的な表現の時期には特徴的ないくつかの表現がありますが、先に述べた基底線はその最も典型的なものです。基底線とは画面の下方に描かれる線（地面）のことで、これは言葉や社会性の発達から、ものとものとの関係が理解され始めた証拠であると言えます。また、画面上方を青色で塗って空を表わしたり、太陽を描き込んだりします（図3-7）。アメリカのゲシュタルト心理学者アルムハイムは子どもの絵の基底線を一本の針金に例えて、丘の上に咲く花や斜めに建つ家など、その表現の特徴を説明しています。いずれにせよ基底線表現の獲得は、いわば子どもの手で天地創造を成し遂げるという、人の子の発達に見る感動的な不思議さがここにあるのです。また、人物を正面向きに描いたり、男

図3-7

図3-8

図 3-9

の子は動的なものを好み、女の子は家や花、人形などの静的なものを好んで描くなど、性差が表れるようにもなるのもこの時期です（図3-8、3-9）。その他、この時期の児童画表現についてはいくつか大切な特徴がありますので、以下にまとめておきますが、このような子ども特有の表現は、大人がする写生のように、見える通りに描こう（視覚的リアリズム）とするのではなく、自分のそれまでの経験を通して心で「知っている」通りに描こうとする（知的リアリズム）ところから出てくるものなのです。

① 並列表現……人物、家、花などを基底線の上に並べて描くこと。（図3-10）
② 概念画・パターン画……5歳頃から漫画やアニメの影響、また友達を通じて、直接経験を通さない絵も覚え、1つのパターンを身につけることも多い。（図3-11）
③ 展開図描法……机やいすの脚を四方へ展開したように描いたり、池の周りの人たちを池の周囲に寝ているように描くこと。（図3-12）
④ 拡大表現……全体のバランスや釣り合いに関係なく、特に関心の強いものや伝えたいことを拡大したり誇張して描くこと。（図3-13）
⑤ 異時同存……場所の移動や時間の経過を1つの画面で表わしてしまうこと。（図3-14）
⑥ アニミズム……自分の周囲にあるすべてのものは、人間と同じように心を持っているとする子ども特有の考えから、擬人化された表現をすること。もともとは宇宙の万物に霊魂が宿るとして、それを崇拝する原始信仰［animism］の意味を表す言葉である。（図3-15）
⑦ 透視画・レントゲン画……家の中の様子、乗り物に乗っている人など、本来外からは見えないものを透視的に見えるように描くこと。（図3-

第3章 発達的アプローチから見た児童画　37

図 3-10

図 3-11

図 3-12

図 3-14

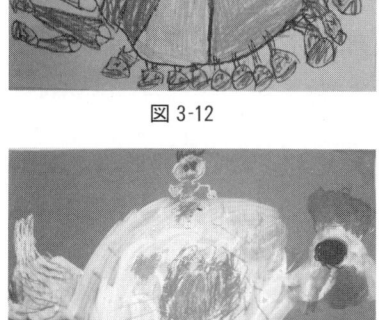

図3-13

16)

⑧　積み上げ式遠近法……遠近感を表すため、近いものを画面の下の方に描き、その上に遠いものを同じ大きさで積み上げるように描くこと。（図 3-17）

(6)　写実前期（9歳～11歳頃）

この頃になると子どもは自己主張も強くなり、活発で集団への働きかけも積

図 3-15

図 3-16

図 3-17

極的になります。友達も広範囲になり、集団で遊んだり（ギャングエイジ）、グループ活動もできるようになります。描画の面では表現意欲は旺盛ですが、知的考えや計画性はまだ未分化で、試行錯誤する時期です。夢や想像の世界に入り込むことができ、ファンタジーを好んで創造性豊かな表現をするのもこの時期の特徴です。図式期から抜けることで重なりの表現なども見られますが、豊かな創造性と技術的な未熟さとの矛盾を抱え、良さを持ちながらその矛盾がつまずきにもなりやすい危うさを含んでいます。それは今まで基底線の上に図式的に並べられていた表現傾向が、次第に写実的表現傾向へと変わろうとする過渡期にあたるため、描画研究ではこの時期を「9歳の危機」とも捉えています。(図 3-18)

図 3-18

(7) 写実期（11歳～14歳頃）

かなり複雑な技法や活動に対しても、精神を集中し意欲的に取り組めるようになる時期です。一枚の描画に対しても、これまで思いつくままに試行錯誤していた表現過程から手順を考えたり、アイデアスケッチを

用いるなど計画的な取組みも見られます。当然、観察力も増し、客観的なものの見方、表現、抽象的思考力や筋道を立てた考え、創造性もそれまで以上に高まります。ローウェンフェルドによると、この時期頃から視覚型（visual type）と触覚型（haptic type）、およびその中間型の３つの描画傾向のタイプに分かれてくるといいます。視覚型の子どもは自然主義的で、人物や風景でも写生を意識した客観的な描写が見られます（図3-19）。一方、触覚型の子どもは表現が主観的であり、幼い子どもの絵に近い身体的な把握による情緒的表現が見られます（図3-20）。視覚型は遠近感や陰影、画面の構図などにも気を配りますが、触覚型は全体のバランスより、むしろ描きたいものを迫力を持って大胆に表現する傾向があります。しかし往々にして大人（特に教師）は、この時期の子どもに対して視覚型の客観表現をより良いものとして要求するので、触覚型のタイプの子どもはのびのびとした絵を描く以前に劣等感を持ち、描画から離れてしまうことがあります。

図 3-19

図 3-20

2. 描画に表された「思いの発露」

(1) カタルシス

　心身の浄化作用及び感情の解放などを意味するカタルシス（Katharsis）は、古代ギリシャのアリストテレスが著した言葉ですが、下痢や嘔吐を伴う消化管の炎症を表す医学用語カタル（Katarrh）とも共通したものであると言えます。

体外に毒素を排出する浄化法は、身体ばかりでなく精神の浄化をも包括しているのです。悲しみの中で止めどもなく涙することや怒りに感情を爆発させることは、内なる毒素を洗い流す自己治癒的作用と考えたのです。悩み、困難に直面したとき、私たちは思いの丈を誰かに聞いてもらうだけで気持ちが落ち着くことがあります。そんなとき、客観的な善悪の判断は案外役に立ちません。

　自己表現自体に、ある種の救いと解放が内包されているのです。しかし、私たちは常に理路整然と自分の感情を言葉に置きかえることができるとは限りません。大人がそうであるならば、語彙力の少ない子どもや寡黙なクライエントはさらにもどかしい思いをしていることでしょう。そこで非言語的な自己表現が必要となるのです。絵画療法の中でも視覚作用ばかりでなく、ちぎる、切る、丸める、たたきつける、塗り込めるなどの触覚的な作業は、クライエントが様々な感情を発散させる助けになる場合が少なくありません。感情の捌け口になるばかりでなく、かんしゃくや暴れるといった問題行動を、ある程度、合法的な形に置き換えることにより実現させてあげることもできるのです。壁一面に貼りつけた紙へのなぐり描き、遊び感覚の絵の具たらし、フィンガーペイント、粘土のたたきつけ、新聞紙の引きちぎりなどは、その行為自体が人間の持つ先天的な生命力を引き出し、強める有効な方法となるものです。もちろん、これらの療法は一人ひとりのクライエントの個別的な病気や障害、気質などによって、その時期を含めて慎重に選択されるべきであることは言うまでもないことを付け加えておきます。

(2) メッセージとしての描画

　偉大な芸術作品に限らず、例えそれが無名の作家による絵であっても、私たちはその1枚の絵から作者の思いを読み取ることができます。職業的な画家や私たちが、発表することを前提に絵を描く場合、作品の中に意識的にメッセージを込めますが、それはあらかじめ人の目に触れること、額装されたタブローを意識しているからに他なりません。絵画療法の多くの場合、子どもを含めたクライエントは、そのような発表のための絵画を描くわけではありませんが、そのような場合でも描いた者の思いはもちろん絵の中に込められていますし、

筆圧や勢い、動き、量感、形態や色彩、構図などの様々な造形要素の中に作者の意識するとしないにかかわらず、それは現れてくるのです。例えば「家」というテーマで絵を描くとしましょう。「家」という言葉は一般的で辞書的な「家」概念しか伝えていませんが、これを描き表すとたちまち描画者のそれまでの経験と記憶の中からの具体的「家」が立ち現れます。その絵を見る者は一目で描画者の持つ「家」のイメージを共通概念として理解することができるのです。人間の内界に存在する無意識や様々な不安、葛藤が知的な作業を伴わずに絵の中に投影されやすいのはこうした視覚的芸術の持つ大きな特徴なのです。子どもの描く人物は、自分や父母など身近な人間関係を無意識に表すことが少なくありません。以下に示す子どもの人物画からそのメッセージを読み取ってみましょう。

1)「おかあさん」(3歳・男児)(図 3-21)
　絵の具とクレヨンを使って大胆に描かれた母親の姿です。輪郭線はないけれども大きく描いた顔の下から足を表す2本の線が引かれている、この年代特有のいわゆる「頭足人」表現です。ここで注目したいのは描かれた母親のどこか激しいイメージです。目を吊り上げ大きく開いた口からは、イライラした小言が聞こえてきそうで、激しいストロークや大胆な表現がむしろそれを強調しているかのようです。男児は保育園で母の日のためにみんなと一緒に「おかあさん」の絵を描いたのですが、3歳児にとっては意識的に「激しい母親像」というメッセージを絵の中に表現しよう、などという操作はできません。前述した通り、客観的な母親像ではなく、日常「よく知っているおかあさん」を描いたに過ぎないのです。

2)「おとうさん」(3歳・男児)(図3-22)
　3歳児ですがすでに胴体や腕が描かれています。描画発達の段階はあ

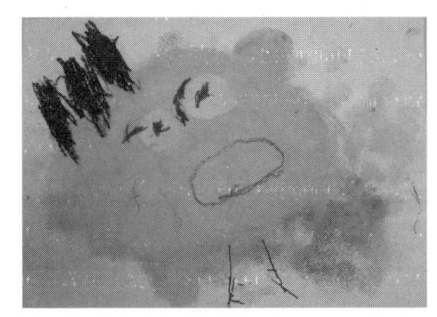

図 3-21

くまで目安となるものであり、心身同様、発達には個人差が存在します。さて、この絵に描かれている父親は図 3-21 と比べてずいぶん穏やかな表情をしています。メガネ、大きな鼻、心もち微笑んでいるように見える口など、どこかユーモラスで男児から見た父親像にほっとする思いです。さらに注目すべきは胴体の中に 2 人の人物が描かれていることです。描かれたのが母親であれば、体内の自分か、生まれてくる弟妹だろうか、とも思えるのですが、ここでは体の一部に入り込んでしまうほど大好きなお父さん、または家族を包み込むほど包容力を持ったお父さんと理解して良さそうです。

図 3-22

3）「おうちのひと」（4 歳・男児）（図 3-23）

　赤のサインペン 1 本で描かれた家族画です。大きな四角い枠は家（家庭）を表しています。描いた折に保育士は、それぞれの人物が誰であるか男児に確認して描画の中に記録しています。頭足人表現で最も大きく描かれているのは家の中にいる母親です。母親に真上から見下ろされているのは、最も小さく描かれた男児本人です。お姉さんと父親は家の外にいて、特に父親は男児から最も遠い位置にいて、唯一手足のない頼りない姿で表現されています。4 歳児がこれだけの情報を言葉で説明することはまず不可能でしょう。しかし、描画は男児から見た家族関係を見事に映し出しています。

図 3-23

第4章

色彩・形態のシンボリズム

1. 絵画療法のベースとなる色彩解釈

(1) 色彩論の研究

　わが国ではもはや基礎文献とも言える『色彩の科学』において、著者の金子隆芳は「色彩学には色彩だけの専門家はいない」[1]と述べています。学問としての色彩はあらゆるアプローチを可能とし、その一元化を拒否します。色彩を光学の名の下に論じたI・ニュートン（1642～1727）は近代実験科学の先駆者ですが、ニュートン以降私たちは色覚説をはじめとする視覚のメカニズムについて物理・生理学的に研究し、色彩を感覚論として発展させてきた歴史を持っています。一方ではJ・W・ゲーテ（1749～1832）のように、自然を構成する様々な要因の示す多様性や多次元性に即して色彩を解明しようとする、いわば色彩現象学的立場もあります。このゲーテの自然研究から、哲学者L・ウィトゲンシュタイン（1889～1951）や思想家R・シュタイナー（1861～1925）がそれぞれ独自の色彩論を発展させたことは、私たちにとって新たな世界観の獲得と言ってよいでしょう。また心理学の分野では、アメリカのR・H・アルシューラ、B・W・ハトウィックの『子どもの絵と性格』（1947 シカゴ）にはじまる描画における色彩分析研究があり、わが国ではその後、浅利篤らがそれらの先見研究をもとに色彩診断法を開発しています。

　美術教育の分野でも教育者や画家が子どもの絵の意味を問い返す中で、その色彩の意味に着目してきました。芸術学はもとより、世界中の宗教、固有の民族や風土に根ざした色彩の系譜や神話、また哲学、住環境やデザイン工学の分

野における色彩研究など、およそ学問の数だけ色彩学が存在すると言ってもよいでしょう。ここではそれら膨大な領域を俯瞰する中から、芸術（絵画）療法のもとになり得る包括的な色彩の意味を探っていきます。

さて、1枚の絵を前にしたとき、私たちはその全体像を知覚し、そこに描かれている具体的テーマはもちろんのこと、色彩や形態、量感や動きなどの様々な造形要素をまず味わいます。次に、どうしてそれらが私に訴えかけてくるのか、感動や強く心に残る所以(ゆえん)を知りたくなります。それが絵画解釈の第一歩であり、とりわけ描画者がごく親しい間柄だったりクライエントである場合は、その絵を解読することで描画者を理解する手助けになります。

本章では、その意味で絵画作品に表された色彩や形態の解釈を、先人のこれまでの研究成果をもとに見ていきます。

私たちは色と形に囲まれて暮らしていますが、日常的にはその一つひとつの色や形に個別の意識を向けることはあまりありません。むしろ色や形の印象を総体として感じ取っているのです。意識することもなく総体として表層に知覚される色彩や形は、しかし私たちの中で感情や思考に影響を与え、やがて無意識層を呼び起こし、創造性に働きかけます。

ゲーテは『色彩論』（1810）において、色彩現象を生理的、物理的、化学的現象の3種類に分類し、色彩をその多次元性の中で論じました。それはニュートンが色彩の本性を光学の一点に絞って行ったスペクトル光の分析という、近代科学の手法に対するアンチテーゼであったことはよく知られています。ニュートンは純粋に唯物的で機械論的な光の波長を捉えたものが色彩である、と考えましたが、ゲーテが描き出しているのは、客観的及び主観的な色彩現象の全領域を包含した世界なのです。光学と色彩論という両者の命題が示すとおり、前者が色彩の物理的特性について、後者が色彩の感覚的、心理的側面の観察、現象学としてそれぞれ価値ある研究をしていることがわかります。

また、ゲーテにとっての自然研究とは、ほとんど神的な存在として自己を開示する自然に対し、深い宗教的な愛と畏敬の念を持って解読することでもあったのです。森羅万象の調和的一致、および内界と外界の照応というギリシャ以来の確信がゲーテを支えていたのであり、その意味ではアリストテレスから

ゲーテ、そしてシュタイナーへとつながる色彩の自然哲学的な現象学について
ここでは言及することになるでしょう。また、色彩に対する私たちの原体験と
は、私たちを取り巻く自然の世界、すなわち太古より人間が繰り返し目にして
きた諸現象とつながり、それが人類の歴史の中で様々な民族、宗教、諸芸術、
生活文化の中に意識的にせよ、無意識的にせよ表されてきたのであるなら、芸
術（絵画）療法上必要な色彩解釈とは、とりもなおさず、それらを包括する多
視点によって解読されねばなりません。シュタイナーが精神科学者であり同時
に芸術家であったのと同様に、その同時代人である深層心理学者Ｃ・Ｇ・ユン
グ（1875〜1961）もまた芸術を創作過程と表出の観点から重要視しました。ユ
ング自身も自らの宇宙観を「マンダラ」の図形を用いて繰り返し描いたことは
よく知られていますが、その中にあって色彩もまた重要な意味を持っていま
す。ユング派のアートセラピスト、スーザン・バッハ（1902〜1995）は自著
の中で事例を挙げながら1色ずつ色彩解釈を試みていますが、色がクライエン
トの内的世界を表し、心身に生き生きと作用する様を丁寧に描写しています。

(2) 色彩の深層

　色が私たちに与える影響やその意味内容を考えるとき、太古より大自然に囲
まれて生きてきた人間が、自然の中に豊かに存在する色彩をどのように捉え、
どのようにそれを普遍的象徴にまで昇華させてきたかを考えずにはいられませ
ん。またそれは世界各地で様々な民族の手により、その風土とあいまって固有
の色彩文化として花開いた、ということも指摘しておきたいと思います。イン
ドネシア、タイなど南方の国々が持つ原色を配する鮮やかで強烈な色彩感覚、
他方、白黒をはっきりさせず、微妙であいまいな中間色を好む日本独特の色彩
感覚などにそれは端的に表れています。色は人類の長い進化の歴史とその自
然、風土、文化の背景を持って私たちの中に形成されました。それはユングの
言う個人を超えた集合的無意識層に色彩感覚の根を下ろしている、と言える
のかもしれません。

　次の表4-1は、先見研究をもとにそのような意味での色の解釈をまとめたも
のです。絵画療法として自由画を描く場合に限らず、日常生活の中で洋服や身

の回りのものを選ぶときにも、人は自分でそれと気付かず個別的な色の選択をしています。それら選択の根拠には、その時々の気分や精神状態が反映されていることはもちろん、もっと深い、自分でも気が付かない心の反映である場合もあります。色彩と人の心の問題との関係を扱ってきた研究者、臨床家たちは、それぞれの時代において、それぞれの方法で膨大なデータをもとに色彩解釈を行ってきましたが、それらは、おおむね私たちが直観的に感じる色に対する感覚とそれほど隔たっているものではありません。学問的な知識による知的解釈でなく、私たちが本来的な直観や素直な心で色を眺めるときの感じ方は、やはり個人を超えてつながっているようです。

　前述のS・バッハは「人生が光と影のバランスの上にあるように、どの色も二重の意味を持ち得る。つまり肯定的にも否定的にも理解できるということだ。」[2]と述べていますが、表4-1の作成に当たっては能動的でプラスイメージの象徴言語を上段に、逆にネガティブなマイナスイメージの表現を下段におおむね示すように工夫しました。人間の心の動きは常に表裏一体となってプラス・マイナスを行き来します。したがって、色彩の象徴もその両極を指し示すのです。

表4-1　色彩解釈一覧

色	解釈
赤	活発、活動、外向性、適応、自己主張、情熱、華やかさ、暖かさ、積極性
	興奮、不満、攻撃性、敵意、孤独、自己中心、痛み、圧迫、憤怒
青	希望、自制、自立、義務感、適応、独立、存在の根源、鎮静、超越
	服従、抑制、沈潜、陰影、孤独、不安、憂鬱、未熟
黄	幸福感、快適、喜び、希望、期待、光、永続的価値
	依存、依頼心、幼児性、愛情欲求、甘え、未熟
緑	沈静、静止、安らぎ、癒し、安息、穏やか、回復、安全、静謐、優しさ
	疲労、虚弱、悲哀、生命力の衰退、無気力
茶（褐色）	一般的欲求、物欲、食欲、大地、地味、安定感、探求心、収集、堅実
	飢え、貧困、劣等感、プレッシャー、不安、野心、渇望、腐食
橙	歓声、歓喜、順応、空想、刺激、陽気さ、温厚、内気、生還
	強い愛情欲求、軽躁状態、刺激、苦悩、混乱、敵意、臆病、事故
ピンク	生命、健康、リラックス、幸福感、解放感
	ストレス、熱感、かゆみなど、（紫の代用）

紫	高貴、高位、雅、治癒、癒し、神秘、気品、縁、抱擁
	病気、傷害、不幸な気分、死、情緒不安、沈滞、憂鬱、重いストレス、強襲
黒	深奥、深遠、闇、影、沈黙、自己確立、強健、威厳、不動、力強さ、決意
	恐怖、抑圧、叱責、不安、孤独、醜悪、不純、鬱、死、二面性、脅威、危険
白	純潔、神聖、潔癖、無心、浄化、禊ぎ、新生、無垢、転機、完成、はじまり
	警戒心、失敗、喪失、別離、緊張感、虚無、死、恐怖、神経、脅迫、白血病、終焉
灰	静けさ、曖昧さ、寂（さび）、静寂、落ち着き
	矛盾、逃避、回避、未決定、非介入、不関与、失意、心配

(3) 個別の色彩解釈

次に色彩解釈とその象徴について、個別の色彩ごとに踏み込んで見ていくことにしましょう。日常的な生活場面への色彩の取り入れや伝統文化的に色彩を言葉の中に取り入れてきた日本語、諸芸術にも言及しつつ、なるべくわかりやすい包括的な色彩解釈を試みようと思います。

1) 赤

赤は人に強い印象を与える色です。止まれの信号は赤で強調されていますし、本やノートの大事な個所に私たちは赤鉛筆でしるしをつけます。パトカーや救急車の赤いサイレン、目玉商品の「赤札」など日常生活の中で人間は赤の与える色彩感覚を利用しています。

日本語に目を向ければ、それが見るからに明らかで激しい場合、「真っ赤な嘘」などと言い表します。また赤は火の色、血の色としての象徴を持つことは容易に理解されるところですが、そのことから生命力、活動力の源を表す色でもあります。ユング派のS・バッハは「赤色は私たちの命にとってなくてはならないものを表す。」[3]と述べ、ユダヤの伝統を引いて、血が魂の座として神に属する神聖なものであることを指摘しています。また、シュタイナーは赤を「生命の輝きの色」と位置付けています。いずれにせよ赤は生命と結びつき、人生に健康と楽しみを求め、積極的で前向きな明るい感覚をイメージします。赤はすべての色の中で最も生命力を象徴する色と言えるでしょう。火や血液をイメージする赤からは、活動、積極性、情熱などの言葉がすぐ浮かびますが、

反面、火は暖かくもあるけれど、過ぎれば激しい炎となって燃え上がり、周りを焼き尽くす負のエネルギーともなります。内面からの抑えきれない激しい情熱を日本語では「血がたぎる」という言い方をしますが、その過剰な表れは興奮、不満、激情、攻撃性ともなります。西洋では視覚の心理的属性を比喩的に言葉の中に表現してきましたが、カッとなる、激怒することを英語で"see red"と言い表します。

　さて、児童画を例に挙げると、母親に激しく叱られた後に登園してきた幼児が、その日のお絵描きで真っ赤に塗られた大きな口を持つ母親像を描くなどということがあります。その幼児は母親に叱責されたことに対し、赤を使って無意識に絵の中を塗り込めることでその不満感を発散させようとしたのです。今一度S・バッハの言葉を引きます。「赤色が情動面で表すのは、情熱、内面の炎、こころのなかの焦眉の問題であり、憤怒または激情までも表現し得る」[4]

　2）青

　青からイメージするものは空であり水でしょう。雲が流れ刻々と変わる空の様子はもとより、水もまた「流れは絶えずして…」というように、自然界にあって何か私たちの人生の象徴言語のようです。寝転んで空を眺めたり、大海原に向かって自分の心を鎮め、自己の内面への問いを発するなどは、多かれ少なかれ誰もが経験するところですが、そのような時期の多くは「青春」時代であり、時に「青二才」などとも呼ばれる年齢でもあります。

　メーテルリンクの「青い鳥」は、幸せや理想を追い求める若い世代の青の意味を的確に表現していると言えるでしょう。つまり、青が象徴するものは自己の内面に向かう心の動きなので、自立、独立、鎮静、存在の根源などがその象徴言語になります。P・ピカソ（1881～1973）が青色の絵の具を集中的に用いて描いた若い時期は「青の時代」と呼ばれていますが、その作品群は貧しい人々への共感とともに、静かで思いに沈む人物像を象徴的に描き出しています（図4-1）。ゲーテは「青は常に何らかの暗さを伴っていて、寒冷の感情を与え、また陰影を連想させる」[5] と述べ、シュタイナーは「青は自らを内的に抑止すること、せきとどまること、自らを内的に保つことであり、魂の輝きだ」[6] と述べています。

青は自らの内面にとどまり、冷静に現実に適応していこうとする心の動きとも関係しているので、時に自分の感情を抑えて周囲に従う、自制、服従、抑制の象徴ともなり得ます。

英語のブルー（blue）が青色と同時に憂鬱という意味を持ち、日曜日の楽しい休日の後に来ることから、月曜日を時に「blue Monday」と呼ぶことには、自由な感情を抑え、自らを社会に適応させていこうとする人々の心情が表現されています。

3）黄

ゲーテは黄色を「光に最も近い色」[7]と言いましたが、古来、黄色は黄金色と並んで光や太陽を象徴する色でした。

図 4-1　パブロ・ピカソ「人生」
（出典：乾由明ほか編『キュビスムと抽象美術』
（世界美術大全集第28巻）小学館、1996）

古代エジプトの黄金の仮面やレリーフも、キリスト教絵画の光背にも黄色や黄金色は盛んに使われました。これらは古来より人間が生命の源である太陽の光を信仰の対象にすることから来ているのではないでしょうか。新約聖書のヨハネ福音書においてキリストは、罪ある者や虐げられる者の側に立ち、自らを「世の光である」[8]と語っています。黄色という色はそのような周囲を照らす光の性質を持っています。シュタイナーは「黄色は外へと放射する」[9]とその輝きの本質を述べていますが、その幸福感、快適さ、喜ばしさは、太陽とともに、私たちに本来の子どもが持っている天真爛漫な自由でのびのびとした感覚を呼び起こします。子どもが黄色を好むのは、そのような黄色の持つ本質と自分の本来的に持っている内面性が共鳴するからかもしれません。アルシューラとハトウィックは言います。「黄色を最も自由に（他の色を重ねないで）使った子どもは、幸福で屈託がない」[10]

しかし反面、そのような子どもらしい天真爛漫さは、大人、特に母親の温か

い懐に抱かれる体験の上にこそ十分に表現され得るものです。母親に抱かれた赤ちゃんが、安心しきって周囲に振りまく笑顔はそのことを象徴しています。したがって、黄色の持つ意味は、乳幼児の持つ甘えや求愛、幼児性、未熟さなどの裏返しでもあるのです。「黄色い声援」「黄色いくちばし」など、その幼児性や未熟さを表す言葉に黄色が使われているのもそのためです。

アルシューラとハトウィックは黄色そのものに子どもらしい幸福感を見るのと同時に、他の色とともに用いられた黄色に着目し、その組み合わされた色彩の上に子どもの様々な性格要因が現れることを報告しています。他にも愛されぬ子どもが描画の中で、父親や母親に対する愛情欲求を黄色を使って無意識に表現する例を、多くの研究者のデータは示しています。黄色の画家として思い浮かぶV・ファン・ゴッホ（1853～1890）は、生涯、自分の燃えるような愛の持って行き場を捜し求めた人でした。牧師だった父親の影響から彼は伝道師に憧れますが、過度の情熱と貧しい人々への常軌を逸した献身は、周囲に受け入れられることはありませんでした。また、彼の激しい愛情は女性を恐れさせ、彼の甘えや過剰なまでの友情をもてあましたゴーギャンは、結局彼のもとを去って行きました。

唯一、弟テオが生涯彼を支えたのですが、子どものような彼の純粋な愛情表現は、いつも満たされぬまま黄色の色彩を伴って繰り返しキャンバスに塗られたのです。（図4-2）

図4-2　V・ファン・ゴッホ「ひまわり」
（出典：『週刊グレート・アーティスト第1号ゴッホ＋第2号ルノワール』同朋舎出版、1994.3）

4）緑

緑は自然界で最も多く見られる色ですが、日本語では「青葉」「青菜」など青の文字を当てはめる例がしばしば見受けられます。緑は青と黄色の中間にあって、青の希望や鎮静などの意味合いとともに、黄色の未熟さ、幼児性を意味す

る「みどり児」などの言葉もあります。

　しかし、最も緑の特徴を表わしているのは、赤の補色としての意味合いです。色相環の中では赤の対角線上に位置するのが緑ですが、激しく活発な赤の対極として、緑は静けさと穏やかさを持っています。緑の持つ安定とバランス感覚は私たちに安らぎをもたらします。

　一昔前、森林浴という言葉が流行りましたが、深い森の中で私たちは、過酷な日常生活で抱え込んだ心身の疲れがゆっくりと癒されるのを感じます。時に脱都会を試み、故郷の里山に愛着を抱きつづけるのは、豊かな緑を求める現代人の心情が反映されているのです。

　このように緑は自然への回帰、安らぎの色ということができますが、それは裏を返すと疲労し、無気力となった生命力の衰退をも意味しています。シュタイナーは春の桃の花のような淡紅（ピンク）色を健康な人間の色としていますが、その淡紅色が緑色へと衰退すると病気となり、「心や感受的なものが身体への正しい通路を発見できなくなる」[11]と述べています。ゲーテは今日言うところの補色現象を反対色の呼び求めと捉えていますが、シュタイナーも「目がある色を知覚すると、本能的に補色を求める」[12]と述べています。前述した森林浴によって緑を知覚する私たちは、その補色である赤を欲することになるのです。

　このことで緑が安らぎとともに内的に赤（生命力）を呼び起こすもとになっていることがわかります。

　その他、工業デザインの世界では非常口の案内灯、信号機の「進め」などに安心、安全を意味する緑が使われています（日本工業規格・JIS）。また、医師の手術着が緑なのは、患者の出血（赤）の補色残像を和らげたり、大量の出血を目にする際の心理的バランスをとる効果があるなどとも言われています。

5) 茶・褐色

　茶色のイメージは何と言っても土であり、実りの色です。穀類、豆類、木の実など、かつて私たちが主食としていたものは皆、茶色の殻をまとっています。古来より農耕民族として田畑を耕し、土から生活の糧を手に入れていた日本人にとって、茶色は具体的な生活を表す色と言ってもよいでしょう。また、

私たちは木の文化を重んじ、家屋はもとより、生活道具の多くを木材を利用することで作ってきました。土の色、木の色である茶色は、そのまま私たちの中に生活の匂いとして沁み込んでいる、と言っても過言ではないでしょう。そのことから茶色は、大地そのものや、大地をしっかりと踏みしめた生活力の象徴として、安定感などを表す色となっています。S・バッハは各色の濃淡による象徴の差異に目を向けましたが、茶色については濃い茶の場合「健康」や「大地」をイメージしつつ、淡い茶色には大地性の減少と腐食のイメージを見ています。シュタイナーは「木とは上に向かって成長した大地である」と考えましたが、実際、シュタイナー派の絵画実践では、大地を描き、それに続いて大地から上に向かって木の成長をたどるように描きながら、茶色という色を通して木の形成力を追体験していく方法があります。

　さて一方、茶色の解釈には、生活に必要な食物やお金、物品への欲求としての意味合いも存在します。子どもは自由画の中で、無意識に茶色を使うことで食べ物や玩具などの物的欲求を示すことがありますが、実は満たされない愛情欲求の転化であることが少なくありません。親もまた、わが子への愛情を物を買い与えることで満たし得ると勘違いする例もあり、そこに親子の不幸な認識のすれ違いが生ずるのです。現に、たくさんの玩具に囲まれて少しも幸せそうでない子どもを見るのは辛いものです。色相上、茶は橙（オレンジ）と同系色であり、橙の明度を下げていくことで茶が生じます。橙の持つ明るい愛情欲求に比べ、どこか複雑な心理が働くのかもしれません。最後に、茶（褐色）が大便の色であるところから、幼児期のコンプレックスが褐色に反映されるとする説もあり、乳幼児期のしつけの厳しさから、しつけに反抗して汚れることに快感を覚えたり（アルシューラとハトウィック）、後年、ケチで物欲の強い性格になりやすいと言われたりする、と精神分析学の立場を例に引いて説明する児童色彩心理の研究者もいます。

　6）橙

　ゲーテは自身の『色彩論』の感覚的精神的作用の中で、橙色を「赤黄色」と呼び、黄色が赤味を帯びたものに高められ、目に暖かさと歓喜の感情を与える。[13] と述べています。夜明けの闇の中で徐々に橙色から黄色へと光をもたら

す太陽に、私たちが「御来光」と呼んで手を合わせる心情は、橙色の輝きを象徴する喜ばしさに通じています。ふたたびシュタイナー派の絵画実践を紹介すると、緑で基底線を描き、薄い赤の下地の上に橙色（オレンジ）で木々を描き加えていくことで実りの秋の喜ばしい特徴を体験する方法があります。また、橙色は赤と黄の中間にあって赤の激しさ、活発さと黄の喜び、期待感の要素を両方持っています。暖色系の色彩心理の特徴は外へ向かうエネルギーとともに、暖かさを求める欲求です。つまり橙色の象徴するものは、黄の依存や欲求が赤に近づくことでその度合いを強めた心理状態だということもできるでしょう。

7) ピンク

前述した通り、シュタイナーは「春の桃の花のような淡紅色（ピンク）の中に人間の内的な健康が表現されている」[14]と述べましたが、それを最もイメージしやすいのは健康な赤ちゃんの頬の色でしょう。しかし、それ以外にも私たちはピンクという色から春の穏やかさや幸福感をイメージします。シュタイナー派の学校や幼稚園、病院などでは室内の壁を淡紅色にしている例が多いのですが、それは子どもや病院を訪れる人々に対して生体に働きかける環境としての色彩に配慮しているのです。また日本でも、幼児の施設（幼稚園、保育園など）でピンクの園舎があったり、最近では小児科看護師を中心にピンクの制服を身につけているのを見かけることがあります。これは幼児や病者という対象者を考えたとき、色彩学の上からも理に叶った選択であるということが言えます。描画に関して言えば、私たちはピンクを塗ることで、どこか懐かしい子ども時代に思いを馳せ、温かな気分になることがあります。一方、熱感を表したり、紫ほど激しくはないものの病気やかゆみなどを無意識に表すのに、ピンクという色を用いた例も報告されています。

8) 紫

紫は古来より世の東西を問わず、高貴な色とされてきました。わが国にも天空を表す「紫雲」、叙勲の位の中に「紫綬」などの言葉があります。また、染料の紫根の性質からは、薬効として重宝された歴史と、縁につながり人に情けをかける「ゆかり」の観念が生まれたとも言います。平安朝では紫が色の中の色

とされ、「源氏物語」の主人公、紫の上や作者である紫式部などに、才能と気品に満ちた高貴な女性像を想像することも可能でしょう。日本の、病を癒す生薬としての紫（紫根）と同様、西洋でも宗教指導者などの祭服に紫が使用されることがあり、紫からは高貴と合わせて神秘と天上界（死後）、傷病とその癒しなどの連想もなされます。さて、人間は窒息状態や血液中の酸素が希薄になると肌の色が紫に変わります。まさにこのような生から死へと移行する紫からは、不安や恐怖、狂気をイメージできますし、反面、傷病を癒したり死を受け入れようとする心に、紫は対応しているのです。前述した通り、浅利は子どもの自由画に描かれた無意識の紫から、その子ども自身や家族の持つ疾病傷害、死の心理的影響などを読み取っています。S・バッハは藤色（淡い紫）に「『突然襲われた状態』を当てはめ、病児のてんかんや痙攣性の諸症状を描画の中に認め、また転移性の癌のような不治のものに『捕えられた』状態を表し得る」と見ています。[15]

心理的には、死や突然襲う発作の恐怖に取り巻かれながら、反面、宗教が紫を用いるように、大いなるものに抱きかかえられ支えられたいという願望を紫は表すのかもしれません。

9）黒

黒は闇の色であり、闇はあらゆるものを包み隠してしまいます。喪服に黒が使われるのは人々の様々な感情を押し殺し、喪の悲しみに統一する働きを持ちます。また「腹黒い」などの言い方にも、表面的には見えない隠された感情や企みを連想させます。18世紀スペインの画家ゴヤ（Francisco de Goya、1746〜1828）は晩年、隠遁生活の中で有名な「黒い絵」シリーズを描きました。自分のためだけに描かれたそれら黒い色彩には、病苦に悩まされ精神的、肉体的に孤立した彼の恐怖、不安、狂乱といった意識下にあるすさまじい暗黒の想像力が発散されています（図4-3）。子どもの色彩心理では黒を恐怖や抑圧のシンボルとして位置付けていますが、虐待など心身の危機的場面に直面して、子どもは悲しみや痛みの感情さえ封印することでわが身を守ろうとします。闇自体が恐怖なのではなく、感情のセンサーを切り、闇に紛れることで危機を回避しようとする子どもの無意識の自己防衛が黒を選ばせるのです。シュタイナー

は「黒い闇は、私たちが自我を十分に感じさせるには適さない」「私たちの精神が黒い闇のなかで目覚めていなければならないとしたら、私たちは自分が殺され、麻痺したと感じる」[16]と述べています。例えば肉親の死や心身の危機に直面したとき、自らの自我を麻痺させ、苦痛や恐怖をやり過ごそうとして黒を選択することは、私たちに自然に備わっている生体反応であるのかもしれません。

さて、しかし他の色同様に黒の解釈にはマイナスの象徴しかないわけではありません。

「白黒をはっきりさせる」ことやフォーマルな服装における黒の美しさには、自立的で、前向きに物事を捉えていこうとする自己確立や希望が表現されています。男性の正装と同様、黒を基調にしたシックなドレスを着こなすには、女性にもそれなりの精神的成熟が要求されることでしょう。S・バッハは病児たちが使う描画の黒について「強い黒色を使うことは、力強さと決意の表現となり得る。輪郭として用いる場合は、強さの欠如を示したり、自分自身のまとまりを保つことの必要性を示しているのかもしれない」[17]と述べています。

つまり子どもたちは、黒を用いることで病気の苦痛に耐えていこう、乗り越えようとするのであり、時として黒の描画は、自らの勇気を奮い立たせようとする子どもの決意表明である場合があるのです。総じて言えることは、精神の黒いトンネルが生命再生の出口へとつながっているように、闇の黒には光の白につながる希望が内包されているということなのです。

図4-3 フランシス・デ・ゴヤ「わが子を食うサトゥルヌス」
（出典：『週間グレート・アーティスト81 ゴヤ』省心書房、1996.1）

10) 白

　黒が闇の中に感情を包み隠すように、白はすべての色を反射させることで他の色感情を漂白してしまいます。よく「頭の中が真っ白になった」と言うように、白は感情や意識の抑制や放棄を意味する場合があります。もちろん常識的に白の意味するものは、純潔、無垢、神聖などですが、それゆえに汚れることを恐れる警戒心や緊張感も伴っています。

　絵画療法に際して精神科医の中井久夫は、画用紙の中にフリーハンドで枠を描くことで、クライエントの描画に対する緊張を和らげる「枠付け法」を開発しましたが、真っ白い画面に最初の一筆を入れるときや新雪に自分の足跡を最初につけていくときの感情は、良くも悪くもどこか平常心でない緊張があります。それが高じた場合、白を見て自分がそれを汚してしまうのではないか、という強迫観念を抱いてしまう人もいます。いわゆる白恐怖です。また、医師や料理職人の白衣などにも、「清潔・衛生」の意味合いとともに、プロとしての緊張感も同時に感じることができます。

　一方、白に対する神聖、無垢などの天上的な象徴は、わが国でも古くから白狐、白馬、白蛇、白龍など神や貴人の象徴としてたびたび神話に登場してきましたし、宗教においては祭り事や神事に白が欠かさず使われます。モノトーンとしての白黒に目を向けたとき、白黒が中国の陰陽の象徴としてユニークに表現されてきたことを述べておきたいと思います。水墨画においてはもちろん、特別に白の顔料を使用しません。

　陰陽道は中国古代哲学ですが、わが国への渡来は古く正史の記載では欽明天皇14年の紀元553年とあります。[18] 陰陽の二気は天と地を表し、「元来は天地未分化の混沌の一気から派生したもので、同根として互いに引き合い、親密に往来し、交感・交合する」[19] のですが、この二元論を白と黒の密接な関係に当てはめて考えることができます。私たちに馴染みのある水墨画の場合、白黒芸術でありながら通常「白」という顔料を使用しないことに注目したいのです。白で表現されるべきところは墨の濃淡によって描かれる事物の余白、つまり「描かれない」ことによって表現され得るのです。白黒の両者が1つになるとは、空っぽの空間を含み得るということであり、空っぽの空間や余白が意味を

持ち得る、ということなのです。身近な例を挙げれば心理検査のロールシャハテストもまた同様ですが、つまり白が黒で描かれた事物の反転された裏側まで明らかにさせる、というのがその色彩象徴の特徴なのです。陰陽において万物を象徴する5色には「言」があります[20]が、現代でも日本語の中に表現される「白日のもとに……」「白旗を掲げる」「自白」「白書」などの言葉には、真実をあからさまにする白の持つ象徴的な意味が込められています。

　児童の色彩心理のデータでは、失敗による後悔、死別を含む別れによる喪失感などを、子どもは白色を用いて象徴的に描き表します。そこには秘められた感情の表出とともに、後悔や深い喪失感、心の空虚を自ら乗り越えようとする子どもの再生を読み取ることができるのです。

　さて、こうして見てきますと、白という色には良くも悪くも純粋で根源的な意味合いが象徴されているようです。シュタイナーは黒と対比させて「白は光に近く、白に面して自我は、内的な力を燃え立たせる」[21]と述べています。白は自我に光をもたらし、日常生活の喜怒哀楽を超えた精神性へと私たちを導いて行きます。私たちはこの世に生まれると白い産着に包まれ、死に際して白装束を身にまといます。そこには人生にとって無垢と浄化という、天上界への出口と入り口が期せずして表されているようにも感じるのです。

11) 灰色

　灰色の持つ性質は曖昧さです。「白黒をはっきりさせる」という言い方がありますが、白と黒の中間に位置する無数の灰色には、物事を曖昧にして個性を際立たせない一種の静けさがあります。室町時代の寂(さび)の精神は禅宗信仰に始まり、茶道など様々な文化を通して人々の心の中に浸透し、美術・文化の精神的基盤となったと言いますが、この枯淡・幽粋(枯れて味わいあること・静寂に深い喜びを味わうこと)を志向する寂の色合いは鮮やかさを抑え、落ち着きの中に変化する水墨画の灰色にイメージされます。また、灰色は単独では消極的で地味ですが、配色上では相手の個性を強調するとともに、各色を全体的調和に導く役割も持っています。そう考えると、灰色の持つ曖昧さは、白か黒か、善か悪か、という対立軸の中で身動きできない現実に対し、そのどちらでもない「あるがままの自分」を受け入れる豊かさを与えてくれるものなのではない

でしょうか。

　しかしこのことは反面、灰色が解決のない、答えの見えない「不幸」を象徴するものとの解釈にもつながっています。「灰色の立場」「灰色の人生」などの言葉からは、回避、逃避、未決定、非介入、失意、心配、矛盾などの象徴言語を読み取ることができます。

　心の内奥に苦しみを抱える者は、出口の見えない灰色の中に鬱々とし、反面、晴れた日を嫌い、どんよりと曇った日に安心を覚えるような一見矛盾する両価性を抱えるのです。

(4)　その他の色彩解釈

　ここまで述べてきた色彩解釈は色相の観点が中心であり、いわば自然界に無数に存在する色彩をある代表的な色彩に還元して解釈してきたに過ぎません。色立体には色相の他に彩度、明度があり、各要素がそれぞれ組み合わされることで、複雑な中間色の位置を知ることができます。彩度とは鮮やかさの度合いであり、強さを表します。したがって、彩度の高い色は、刺激と訴える力の強さに比例しています。療法的解釈で言えば、彩度の高さは心理的な欲求の強さ、急性的意味合いを持ちます。逆に彩度の低いくすみや濁りからは、慢性的、既往症的な症状を読み取ることが可能です。一方、明度は文字通り明るさの度合いであり、明度が減少すると夜の闇の中に色彩が消えていくように、本来の色彩の意味が黒へと近付いていきます。つまり、外へと向かうべき感情は内へと抑圧され得るのです。逆に明度が増すということは色彩の意味が白への解釈へと近付いていくことを表しています。

　また単色の色彩解釈以外に、浅利らは二色以上の色の組み合わせから児童心理を読み取ろうとしました。本書ではその紹介を割愛しますが、そこでは児童の精神発達の過程において出会う、父母への愛、兄弟への嫉妬、性的関心など、様々な欲求や葛藤が色彩熟語を生み出し、無意識の色彩象徴の機能を拡大させてきた詳細が述べられています。

　さらに、描かれる色彩は形態と一体となって解釈される場合が多く、一般的で図式的な解釈からかけ離れた色彩と形態の組み合わせは、当然のことながら

見る者の注意を引きます。形態については次節で取り上げますが、いずれにせよ絵画療法における色彩と形態については密接な関係の中で解釈されなければならないでしょう。

⑸ 療法上の注意事項など

　絵画に限らず、芸術一般が持つ非言語的交流（non-verbal communication）という特性は、優れて治療的役割を果たすものです。語彙力の少ない児童はもとより、発語に障害を持つクライエントや高齢者に至るまで、その適応範囲は技法の開発とともに今日ますます広がりを見せています。絵を描くという行為が人間の全人的発達の中で、その本質と不可分に結びついているということは、これまでの描画発達研究の中ですでに指摘されていることであり、幼児のなぐり描きが原始絵画の系統的変化の諸段階をなぞっていくことは、そのことを文字通り目に見える形で示していると言えるでしょう。しかし、現代人は進化と文明の獲得によって社会的発達を急がされているため、描画という根源的な表現さえ、まず思考が先に立ってしまう傾向があります。到達目標を目に見える得点として表そうとする近代科学に基づく教育的アプローチは、療法としての絵画にも「得意」「不得意」の関所を設けてしまったと言えるでしょう。絵画というものについて、誰もが小中学校時代にクレヨンや絵の具を扱った経験を持つため、一見親しみやすい「身近さ」がある反面、常に成績と結び付いた「作品」であり、他人が評価、鑑賞する対象であると理解しているクライエントが少なくありません。これは当然のことながら自由な色選びや色塗りの行為にも影響を及ぼします。したがって、セラピストはラポールの形成とともに、評価や鑑賞に縛られない本来の人間的行為としての描画への導入を図ることが必要になります。描画の色彩解釈に当たり、自由連想画が多く扱われるのもそこに起因します。しかし、人間は本質的に表現する存在でありながら、同時にそれは誰か（場合によっては神）に向けた行為であり他者からの応答によって成就するものでもあります。ここにセラピストの一定の距離を置いた観察とともに共感的関与が必要となるのです。

　また、私たちは社会的な刷り込みの中で色彩に対する固定観念を持ち、記号

としての色彩と形態のシンボルをすでに獲得しています。個人による色彩感覚の差異とは別に、通常、人を「肌色」で塗り、「赤色」でリンゴを表す図式(Schema)を色彩の共通言語として使用しているのです。このことを前提に考えるならば、共通言語から外れた色彩の出現に対して、セラピストは注意を向けざるを得ません。

　さらに基本事項を述べておくならば、描画材料としての絵の具、クレヨン、パステル、マジックなどは通常市販されている色数をもらさずそろえておかなければならないでしょう。また、落ち着いて、しかも自由に取り組める環境設定、妨害や干渉の排除なども求められるでしょう。

　さて、私たちは色彩が色合いや明暗として知覚されると同時に人の心の深層に働きかけて感情を誘発し、時に救いや慰めをもたらすことを学び、生活の「術」に取り入れてきました。それは原始未開のいにしえより始まり、高度に文明を発展させた現代でも変わりがありません。しかし、今日私たちの身近にあふれる人工的な色彩の多くは、他を圧倒することを一義的な目的とする商業主義に利用され、時に精神を疲弊させる要素とさえなっています。四季折々の自然の色彩に私たちが根源的な喜びや慰めを感じるのは、その色彩群の調和がもたらす力です。よく観察すれば一つひとつの色彩は個性を持って輝いていますが、それをまとめて眺めたとき、なお全体として1つの生命感を伴って輝いて見えます。個性を主張しながら、お互いを支え合って「全体［＝ whole］」として1つに調和しているというのは、すでに述べてきたホリスティックな概念ですが、その意味で私たちに働きかける色彩の内包された力は、心身のゆがみや不調和、不均衡に働きかけるのであり、クライエントの無意識の色彩表出も調和を保とうとする内的必然性に由来しているのです。また、色彩療法ではセラピストが意識的に色彩個々の持つ力や性質を利用して治療的に働きかけることも可能となるのです。色彩には正と負の要素があることはこれまで見てきたところですが、色彩を取り扱う芸術療法にも慎重な観察と関与、適応の限界があることは述べておかなければなりません。それは私たちが通常開かれた意識の中で生きているこの物質世界では、色彩は物質の表面に貼りついたものです。しかし本質的な色彩の要素とは、常に心を自由に漂うものだからです。

私たち現代人は生活の機械化や無秩序な都市化の中で、神経をすり減らす事象に囲まれて暮らしています。頭脳に偏りすぎて、瑞々しい感性や豊かな生命感から隔たった自分を発見することも少なくありません。色彩の深い意味を知り、その作用を役立てることは、絵画療法に限らずとも有益なことでしょう。

2. 表現された形態の意味

(1) 子どもの描画と内的形成力

　子どもの描画発達の過程において、初めての描画は、その心身の全体的発達に伴って表出される身体表現の一種であることは、すでに見てきたとおりです。赤ちゃんにとって言葉は言語中枢を通して発せられるものであり、かなり知的な活動ですが、それ以前に獲得され得る「なぐり描き」は、腕の運動感覚によって視覚化される直裁的な感情表現ということができます。そこに見られる原初的な内的形成力は、原始時代から始まり、様々な民族芸術の中に見られる装飾と秩序の形式に通底しています。旧石器時代（約3万年〜1万年前）の住人クロマニョン人は、フランスのラスコーやスペインのアルタミラに洞窟画を残し、紀元前6世紀半ばから栄えた古代オリエント、紀元前4世紀半ばから3000年の歴史を持つ古代エジプトでも、その風土と文明の中で培われた様々な芸術が花開きました。それらは驚くほど子どもの描く素朴な絵に共通項を持ち、子どもの描画の発達が人類の芸術表現の発展の諸段階を見事になぞっていることも、多くの研究者が指摘するところです。また、これら素朴絵画（ナイーヴ・アート）やプリミティブ・アートがミロ、ピカソ、クレーなどの20世紀の芸術家に大きな影響を与えたことも見過ごしにはできません。それらに共通するのは陽気で活気があり、形態にも色彩にもある強さを持っていることでしょう。

　子どもの持つ生来の「生きようとする」力が生み出す形態もまた色彩同様、人類に普遍的に共通する様々な象徴を読み取ることができるのです。古代より人間は、形を通して文化を発展させてきました。未開人がその精神を表したトーテムや、王の墓として幾何形体の中に驚くべき合理性と精度をもって作り

上げたエジプトのピラミッド、また敬虔な神への祈りと憧れを、高い教会の尖塔へと昇華させたゴシック建築様式などはその良い例でしょう。

　また、自然界には人知を超えた美しい形が息づいています。身近にすぐ思いつくものとして六角形の見事な雪の結晶や花びら・葉の形態などは、私たちに美的感動をもたらす自然界の持つ造形の神秘です。

(2) 円の根源性

　太陽、満月、目、樹幹の断面など、目で見ることのできる形象の中で、「円」は古代より大きな意味を持ち、そこには人間にとって根源的な意味が付与されています。渡り鳥が彼岸から来て彼岸へと帰ること、人もまた生れ落ちたこの世を経て天界へと帰っていく生と死の循環など、いわば円環の思想は洋の東西を問わず見られるものです。冬眠し、春になると地上に現れて脱皮を繰り返す蛇を、死と再生の象徴として用いた「ウロボロス」の表現は、体を曲げて円形となり自らの尻尾を飲み込もうとしていますが、この「ウロボロス」表現は古代エジプト、ギリシャ、中国などで見られます。他にもこのような原初的な世界観を表し得る円としてすぐに思い浮かぶのが東洋の曼荼羅です。密教に限らず様々な宗教の中で、生の存在の根源や神なる宇宙図を表すのに円形はその象徴として用いられてきたのです。また、道教における宇宙調和の図に陰陽を円形の中に象徴させた符牒もあります。

　さて前述の描画発達でも触れましたが、子どもは早い段階から無意識に円形のなぐり描きを行います。つまり与えられた文化形式としてではなく、人間の根源的な無意識の中から円形は立ち現れてくるのです。円に限らず人間精神の根源には「形」があり、それを基に思想や文化が形成されていくと考える時、ユングはその「形」を「元型」と呼びました。

　ユングは自らも曼荼羅図形を描いていますが、円と共に東西南北を示す4つの方向性を持つ正方形がその基本となり（曼荼羅図形）、その形態を自らの内に意識化することで心の調和や適応、生きる上での原動力を「元型」が培う、と考えたのです。

(3) 形態解釈の基礎事項

　描画解釈の中で言えば、どこまで、どのような視点でその形態を読み解いていくかということは、難しい問題です。しかしここまで見てきたように、形態には生の根源的意味が無意識に表出され得る可能性があり、色彩同様に形態によって私たちは様々な感情を味わい、その時々の自分自身を象徴させることがあるのです。フロイトは私たちの開かれた意識の下に性的に抑圧された潜在意識を発見しましたが、ユングはさらに個人の無意識層の深奥には、かつて1度も意識されたことのない集合無意識があると考えました。他人や時代を超えた人類はもとより、あらゆる存在の宇宙的な広がりとつながっているこの世界は、別の言葉で普遍的無意識とも訳されている概念です。かつて1度も意識されたことがない世界とは、すなわち実体として証明することが不可能な世界であり、むしろそれは原初的であるがゆえに、神話や夢や幻想を生み出す源として解釈され得るのです。そしてその源こそがユングが「元型」と呼んだものなのです。ユング派の絵画療法では特に描画の中に現れる元型的モチーフが、人種、地域、時代を超えて全人類に共通の心的内容を表すと考え、人類学、考古学、神話学、古今の芸術を横断しつつ、その心的理解に役立てます。

　今節では、ユング派のセラピスト、スーザン・バッハや日本の研究者の知見をもとに、いくつかの代表的な形態・シンボルについて考えます。

　なお、形態の解釈は色彩同様固定的、絶対的なものとして考えると、クライエントを見誤るどころか危険をも生じかねません。クライエントと関わる様々な立場の人とのカンファレンスや目に見える身体的な状態、象徴の両面性など、複数のチェックを試みる必要があることを付け加えておきます。

(4) 家と木のモチーフ

　浅利は子どもの描く「家」の表現を2種類に分類しました。1つは台形型の屋根を持つ家であり、これを母親の象徴と捉えました。2つめは三角屋根を持つ家の表現であり、これを描く場合、そこに父親が象徴されていることを発見しました。これらは膨大な子どもの描画を分類、分析したものであり、後から述べますが「山」などの表現にも同様の形態解釈がなされています。先の尖っ

た屋根は男性器にも似ているところから、父親のシンボルとして考えられます。一方、どっしりとした台形の屋根は家庭の象徴でもあり、描いた子どもの母親や家庭に対する感情が無意識に表出されると考えられています。例えば、屋根の左右に飾り窓が付いていたり、2本の煙突が突き出ていたりする描画から、転じて母親の角＝母親の叱責や抑圧を読み取ることもできるのです。もちろんこれらはその描かれる色彩との関係の中でより複雑に象徴され得るので、屋根も含めて黄色を多用している描画からは親への愛情欲求や依存度を読み取るなど、さらに踏み込んだ描画解釈が可能となるのです。またS・バッハも浅利も、「家」が描画者自身の身体状況を表す場合があることを指摘しています。例えばバッハは、真っ赤な屋根と窓を持つ描画から、ユングが直接病児自身の身体状態を喝破したことを報告しています。

「木」はバウムテストを例に出すまでもなく、そこに描画者の潜在的な自己像が投影されやすいモチーフです。1本の木を人の姿と見る見方からは、幹を体、枝や根を手足、葉や実を感情表現として解釈することは比較的容易です。一般的解釈をするなら、どっしりした太い幹からはいかにも大地に根を張った頑丈な体が連想されますし、葉のない枯れ枝からは寂しさや例えば愛情を求めるように手を差し伸べる様を連想することができます。

木はそれ自体生命を持つものであり、幹、枝、葉、実、樹木に集まる鳥や小動物などの様々なモチーフからは、描画者の生命感情を豊かに語りかけてくれるでしょう。絵画療法の中における「樹木画」については第12章の中でもう1度詳しく述べることにします。

(5) 山と太陽のモチーフ

「家」同様、子どもの描く「山」は多くの場合父親と母親のどちらかを表していることが多いようです。形態的には「富士山型」の先が1つに尖って裾野の広い山が父親を、2つの山が重なるように連なる「双子山」タイプが母親を象徴しています。高くそびえ下界を見下ろすような山も、遠くにある山、雲がかかった山、噴火する山などその様々な色や形状によって父親の態度や性格を表現している、と浅利は指摘しています。もちろんこのことは「双子山」にお

ける母親の態度や性格分析の場合も同じです。

　古代エジプトでは人の一生を、太陽の1日の運行に重ねて見る考え方があったと言いますが、S・バッハも病児の描く太陽や、光線の日の出から日没までの様々な表現の中に、その病状や残された命の時間を読み取っています。また浅利は、すべての生命の源である太陽が描画児の父親を表す場合が多いことを指摘し、色彩や光線の強弱、山や雲、建物に隠される太陽などから父親そのものの状態や描画児と父親との関係のあり様を分析しています。

(6)　鳥と動物のモチーフ

　彼岸と此岸を結ぶ渡り鳥については前述しましたが、鳥の意味は何と言っても翼を持ち、大地から離れて空中を移動する自由さであろうと思われます。つまりそこには肉体を離れた魂の象徴が読み取れるのです。聖書においても、洗礼者ヨハネから水で洗礼を受けたイエスのもとに下った神の霊は、鳩の姿として記されていますし、裕福な商人の子として生まれながら、後年すべてを捨てて霊的な生き方を選んだアシジの聖フランシスコは、小鳥と自由に会話したと言います。つまり当然のことながら描画の中に登場する「鳥」も、現実的な問題や肉体の苦痛から自由であろうとする様々な心の象徴として解釈することができるのです。死を間近に迎えた描画者が、自らの病気や苦痛を象徴させる木や家を見下ろして、小さく飛び去って行く鳥（これもまたもう1人の自分である）を描いたり、特にS・バッハは病児の記録として白血病児が白い鳥を描いたり、脊柱に病いが広がった子どもが木の幹（自らの脊柱）をコツコツと叩いて穴をあける啄木鳥（きつつき）を何度も描くなど、たくさんの興味深い報告をしています。

　さて一方、小動物について浅利は、飼いならされる意味合いの強い犬や猿、攻撃性のない身近な蛙や蟻などに、描画児本人が表されると見ています。また蛸、蟹、亀など太陽図形に属する頭足類型に父親を、兎や猫などに母親の象徴を、蝶には別れの象徴を読み取っています。魚や虫、様々な動物などについて個別に取り上げていては切りもありませんが、子どもの絵本やアニメなどでの取り上げ方を見てもわかる通り、動物に人間を投影させてその心理を描く方法

は、無意識の描画の中でも多く見られるものなのです。

(7) 虹のモチーフ

　私たちは雨上がりの虹を見つけると、つい喜びの声を上げます。その美しさはもちろんのこと、やがて消えていく一時のはかなさに加え、アーチ型の形態から、何かこの世とあの世を繋ぐ架け橋を想起し、神の技に出会ったような神聖な気分になります。そして不思議と虹の出たことを周囲の人に知らせたくなります。S・バッハは病児の描く虹のモチーフの報告に先立ち、子どもが虹を見るときは棒や藁を十字にして4つの端に石を置かないと、虹の橋を超えて神々のもとへ連れ去られてしまう、という北欧神話を紹介しています。

　いずれにせよ古代から、虹には天や希望につながる象徴が内在しています。そしてS・バッハは回復するにせよ亡くなるにせよ、病児の描く虹の中に天国への希望と己の神への祈りを読み取っています。また浅利は、「子どもの描く虹は亡くなって彼岸へと旅立った肉親への別離と追憶がシンボライズされている」と言います。そして「蝶で象徴された「別れ」より、ずっと昇華された心の投影だ」と付け加えています。

(8) その他のモチーフ（描線・乗り物・花・水・切断）

　最後にいくつかのモチーフについてまとめておきます。まず描画の中に表される線ですが、どのようなモチーフを描こうとも、その線の強弱や形の中に何事かを読み取ることは可能です。弱々しい線や途切れがちな線からは、描画者の心身の弱さが表されているでしょうし、反対に強くがっちりと引かれている線からは、思いの強さや時に硬直した考えなどが見え隠れしている場合があります。ゆったりとした丸いストロークからは穏やかさが感じられるでしょうし、乱れたストロークからは描いたときの激しい心情が読み取れるでしょう。点々や細かく途切れた無数の線、またザラっと塗られた線からは「かゆみ」などの皮膚疾患が表されている場合もあります。また浅利は、鋭角の尖った線から「痛み」が表され、それが高じてのこぎりの刃のようなギザギザの描線から死文様（デス・パターン）が表されることを指摘しています。

第4章　色彩・形態のシンボリズム

クライエントの描く自由画の中に「乗り物」はよく表されるモチーフです。乗り物は乗ればどこへでも自由に移動できると言っても、現実の社会生活の中に経済とともに存在しているものですから、鳥のような魂の象徴にはなり得ません。また、乗り物は入れ物（器＝子宮型）としての役割を果たしますから、多くは母親の象徴として描かれます。やはり子どもの描画心理研究のアルシューラーとハトウィックは馬や象、鯨などの大きな動物とともに、「水平」に移動するあらゆる乗り物（車、船、汽車など……）に母性を、富士山型の尖った山や塔、三角屋根、灯台、ビルディングなど……、「垂直」をイメージするものに父性を読み取っています。

「花」は、ひまわりの図案のように花びらを真正面から捉えた描画（太陽図形）からは父親のイメージが、チューリップの図案のように花を横から見た描画からは母親のイメージが象徴されます。もちろん他の図形と同様、描かれた大きさ、位置、色彩、描線などで一つひとつの描画の細かい解釈は違ってくるでしょう。

「水」のモチーフも様々な描かれ方をします。雨、涙、川、海、滝など…その一つひとつについて個別の解釈を述べることはできませんが、多くは描画者の心情を表します。その点では日本語の助けを借りると理解の助けとなるでしょう。たとえば「すべてを水に流す」という言葉の連想から、水の流れや滝などの絵にあきらめや諦観を読み取ることができますし、「心が波立つ」のように気持ちの動揺を海の荒れる波で表現することもあるでしょう。音楽や詩の中にも人生を悠久の川の流れに託したものが少なくありません。つまり水はとても身近に私たちの心の反映となり得るのです。

一般的に言えば「切断画」は、描画者が問題を抱えていることを容易に知らせてくれ得るものです。もちろん描画者は無意識に体の一部が切断された絵を描くのですが、浅利はそこに体のその部分に対する罪障感、劣等感、羞恥心の投影を見て取ります。浅利は日常的に自分の知的障害について周りから指摘されている子どもが頭部を描かなかったり、盗みやオナニーなどで自分に罪の意識がある場合、手首や腕から下を切断されたように描かなかったり、また初潮を迎えた女児が自分の腰部への羞恥心から少女図の腰から下を描かない、など

の事例を報告しています。

(9) メッセージとしての描画の読取り

　クライエントの描く絵（特に自由画）のモチーフは数限りなく存在します。そのすべてをここで取り上げることはできませんし、またその意味もあまりありません。なぜならこれまで述べてきた先人の研究や臨床家の実践報告にしても、クライエントとのたゆまない個別の関わりによる信頼関係が生み出したものだからです。色彩や形態の解釈は絶対視・固定視できないことはすでに述べてきた通りですが、特に芸術療法で扱われる作品はこの世に2つとないかけがえのないものです。作品は常に誰かに宛てた手紙であり、大切なメッセージです。はじめに結果を想定したような「研究のため」の創作をクライエントは敏感に拒否します。すでに何度も書きましたが、読者が自分の実践から早急に先人と同様の結果が得られなくとも、それは当然と言わなければなりません。芸術はまったくの個別性の中で誰かとつながる（それが神なのか、身近な誰かか、セラピストか、クライエント自身なのかわかりませんが）愛の技だからです。

第5章

芸術療法に求められるスピリチュアルケアの側面

1. 芸術療法と霊性

(1) 人間精神へのまなざし

　私たち現代人の生活全般は、どうすればより快適で合理的に物事を進めることができるかといった方法論の追求に視点が置かれています。科学技術の発展と革新は目ざましく、私たちの経済、文化両面の生活はその恩恵の上に成り立っています。しかし、本書第1章でも触れた通り、そのことが私たちにもたらしたものは幸せばかりではありませんでした。

　そして芸術はもとより、セラピーやケアといった医療や福祉分野として人に直接関わる仕事においてさえ、スキルの開発に軸足が置かれている現状がありはしないか、と思うのです。もちろんスキル自体は悪いことではありませんし、今後追求すべき課題は多く、むしろクライエントの心身に寄り添った技術の開発はこれで良いというゴールはありません。

　しかしその技術の担い手である人間が、どのような人間観、世界観を持っているかということは、それ以上に大切な側面です。

　そもそも技術に対する東洋的な考え方は「職人技」と言われるように、その中に高い精神性に対する憧れと技術者の人間としての自己完成をベースに持っていました。「茶碗」1つの中に時代や子孫繁栄の願いを込め、建築物の中に民族の伝統と宗教的な意味を込めた時代がありました。現代においてそのような伝統工芸は私たちの生活とは切り離され、ガラスケースの向こう側にあるか、国が保存するものとして観光ガイドを頼りに記念写真を撮る対象となりまし

た。私たちの生活にあるのは、欠けたらすぐに他のものに取って代わられる「茶碗」と、低価格と工期短縮を目指して作られた便利なわが家だけです。

　話を戻し、ひるがえって芸術療法を考えたとき、様々なテクニックの開発が表層の合理性や技術開発そのものの目的化に向かっていないかどうかを検討する必要があるでしょう。

　また同時にテクニックは、命名の独自性が大切なのではなく、クライエントやその家族に真に寄り添ったものになっているかどうかも追求されるべき問題です。そのためには、セラピストには人間精神に対する深いまなざしが求められます。セラピーは深く人の内面に目を向ける作業です。仏像彫り師が精神修養の中で仏に魂を入れるように、人間に対する洞察と宗教的とも言える愛に根ざした人間観を持った者のみが、人を成長させ魂の癒しに貢献できるのではないでしょうか。そう考えたとき、私たちは人間精神のベースにあるスピリチュアリティーの問題に行き当たります。それは避けて通ることができないばかりか、テクニック（技法）の土台となるものなのです。

(2)　スピリチュアルとは何か

　国連のWHO（世界保健機関）では、緩和的治療（palliative care）の中で、身体的（body）、心理的（mental）、社会的（social）とともに霊的（sprital）という側面からも医療が関わらなければならないと定義づけています。身体的もしくは心理的な病気やそれに伴う痛みを理解することは容易です。また社会的生き物であると言われる人間にとって、社会的な側面が治療の対象となることも頷けることです。しかし霊的側面となると、はたしてどう解釈すればよいのか迷ってしまいます。日本語における「霊的」という言葉は英霊、精霊、霊安室、霊柩車、霊園など、ごく一般的には死者に向けられたものであることが多く、近代科学の立場にある医療関係者はもとより、福祉従事者でも日常的に使う言葉ではないようです。したがってスピリチュアルケアもまた、「精神的ケア（＝心理的ケア）」のことであろう、といった誤った解釈がなされてしまいがちです。では、そもそも霊的とはどういうことなのでしょうか。日本語は反面、人類を「万物の霊長」と表現したり、霊感、霊泉、木霊、霊山など、不思

議な力を持つ優れたものの呼び名として「霊」という言葉を使いますが、そもそもそこには肉体や物質に宿り、肉体や物質とは別に存在する精神的実体が前提とされています。「霊」は「たましい」の意であり、天地を貫通する創造的生命とのつながりを現しています。また、英語の［spiritual］はラテン語のスピリトゥス（spiritus）を語源に持ち、「霊」の他に「息」や「風」の意味もあります。「息」は私たちが吸う、吐くという呼吸によって世界（創造的生命）と繋がることを示し（東洋の呼吸法も同様であろう）、「風」は天地を貫く息吹、霊気そのものを意味しています。これらを総合すると「霊」とは身体、すなわち物理的要素とは異なるが、人間を存在たらしめている「目に見えぬ本質」であり、人間を超えている創造的生命そのものであるとも言えるでしょう。

では「目に見えない本質」に向けてケアする、またはセラピーを行うとはどういうことなのでしょうか。いや、そもそも「目に見えない本質」とケアやセラピーとはどうつながっているのでしょうか。

(3) 「目に見えない本質」とスピリチュアルケア

スピリチュアルケアを「精神的ケア（心理的ケア）」と解釈することが誤りであることは前述しました。治療の対象となるのは確かに目に見える形で表現された病気や障害ですが、ケアやアートセラピーの対象となるのは、あらゆる悩みを抱えた全体としての人間です。

クライエントは悩み苦しみながらも生きていかなければなりませんし、自分の思い通りにならぬ（自分の意思を超えた）痛みや苦しみ、この重荷は到底背負いきれないと感じるときなど、「生きにくさ」の中で自分の人生に対する問いが生まれます。心理的な不安感の奥で生きていること、死ぬことの意味を考えずにはいられません。なぜ自分は存在し、このような苦しみが与えられた自分とは何なのか、といった形而上学的な問いに行き着くのです。ではスピリチュアルケアとは、「宗教的ケア」のことなのでしょうか。確かに自分の信仰する宗教を持つ者はある意味で幸いかもしれませんが、特定の宗派を信仰していない多くのクライエントはどうすればよいのでしょうか。「にわか信者」になって救われるでしょうか。藁をもすがる心情につけこまれ、偽宗教にだまさ

れないとも限りません。断っておきますが、私は宗教的ケアを否定しているのではありません。現代の日本では「宗教」という言葉に一種のアレルギーがあり、様々な偏見やゆがんだ印象があります。しかし、本来宗教とは現実生活の足場をしっかりと据えて確信的に生きることにつながっています。

　実際、私たちは日常生活の中でどれほど宗教的に生きているかしれません。伝統的な季節ごとの宗教的行事は日常生活にメリハリを与え、季節に生き生きとしたリズムを与えています。近代科学の立場から「目に見えない世界」をないがしろにすることは、むしろ人間的に孤立し、貧相な生き方を選択することではないでしょうか。話が逸れましたが、スピリチュアルケアとは「特定の宗教によるケア」のみを指すのではなく、私たち人間が肉体とともに「目に見えない本質」を持ち、それが人間を超えた創造的存在とつながっていること、そしてクライエントが現実生活の中で見失ったそのような存在や他者、自然、私たちを取り巻く世界全体との信頼関係を取り戻す作業なのだということが言えます。

(4) 芸術療法とスピリチュアルケア

　では芸術療法の中では、スピリチュアルケアをどのように捉えればよいのでしょうか。すでに述べてきたように、芸術的な創造（表現）活動は人間の根源的な営みであり、創作過程の中でクライエントは普遍的美の価値とつながり、全生命的な自然治癒や生きる上のでカを沸き立たせます。したがって、単にテクニックを磨き、見栄えの良い作品を作ることは芸術療法の目的ではありません。例えば癒しとしての瞑想（meditation）は本来の自分に帰ることであり、完全リラックスの中で内なる声に耳を澄ますことが求められ、自分の地位や名誉、意地、その他たくさんの社会的衣を脱ぎ、自我にこだわらず本来の自分（目に見えない本質）になって自らの小宇宙（micro-cosmos）と大宇宙（macro-cosmos）が繋がるとき、人は癒しを体験します。芸術療法はいわばそのような瞑想の中に実際的な芸術要素（色彩、形態、動き、量感……）を与えて現実生活にクライエントの足場を置こうとするのです。

　セラピストのナタリー・ロジャースは自身の作った表現アートのプログラム

と霊性（スピリチュアリテー）との関係を次のように述べています。少し長い引用になりますが、芸術の創造（表現）活動とスピリチュアルケアとの関連を適切にまとめていると思われます。

　このワークを長年指導してきた間に、私自身のアートの明るさや色が増し、より流麗になり、より象徴的に開かれ、開放的になり、霊的なエネルギーを喚起するものとなっています。表現アートのプログラムで、私は祝福や愛を受け取り、内的平安を体験しました。（中略）創造的プロセスに深く没頭することによって、心とからだが調和し、神聖なエネルギーを受け取る入り口が作られるという事実を実証しています。（中略）創造的プロセスは、神聖な自己を発見する道です。愛する能力を発見することはとても深遠なことです。愛を受け取る能力を発見することは、その愛が特定の人からであろうと、宇宙の源からであろうと、畏怖を覚えるものですが、それを恐ろしいと感じる人もいるでしょう。しかしながら、その能力や意識に心を開くことは、癒しとなり革命的です。というのは世界を見るレンズが変わるからです[1]

2. 治療環境としての芸術の役割

(1) 環境の治療的作用

　人は良くも悪くも環境に左右されます。環境が人を作ると言っても過言ではないでしょう。そのような環境は人的環境、物的環境、地理的環境など、いくつかに分類することができますが、ここでは特にクライエントを包む治療空間について考えたいと思います。芸術療法ではその治療技法やセラピストの臨床的なかかわり方については、よく実践研究の中で取り上げられますが、治療環境としての物理的空間の作用についてはさほど取り上げられてはいません。もちろん治療室内の作業台や椅子、用具などのレイアウト（特にセラピスト側からの治療しやすさの側面）は大切な視点ですが、それにも増して大切なのは環境全体がクライエントの治療に関わるという視点です。治療的な道具として環境を理解し、芸術療法における治療空間の重要性をもっと見直すべきでしょ

う。もう少し私たちの生きる原点に帰って考えるなら、そもそも人間にとっては生活空間そのものに治療的な力があることを認識すべきでしょう。

しかし現代の私たちの生活空間としての環境は、あまり治療的とは言えません。絶え間なく耳に入ってくる騒音、町にあふれる無秩序な色彩の洪水、都市部の人口密度と狭い住空間など。これら環境全体が見直され、私たちにとって生活空間そのものが治療的であればよいのですが、それは個人がすぐに変え得る範囲を超えています。そこでせめて治療場面においてクライエントを包み込む空間（それが例えクライエントの日常生活と切り離されたものであっても）が、そこで行われる芸術的創造行為とあいまって治療的に作用する必要があるのです。

(2) シュタイナー建築の考え方と治療

ドイツにあるフィルダー病院（DIE FILDER KLINK）は1975年に開院した人智学に基づく総合病院です。シュタイナーの思想運動をベースにしたこの病院を私が訪れたのはすでに10年前のことですが、治療空間としてのモデルになり得る環境への配慮にたいへん優れたものがあるので、ここで紹介したいと思います。

そもそも建築とは、時代の思想や民族の持つ内面性を反映させるものですが、シュタイナーの建築思想の特徴を端的に表す言葉は「有機性」です。いわば建築を人間同様、存在し、生成し、運動する精神的世界観と見ているのです。今日の建築、特に私たちの身近な一般住宅などは、経済的な合理性の追求から材料、工程、機能、外観などが規定されてしまいますが、シュタイナーはちょうどピラミッドが古代エジプト人にとって単なる墳墓である以上に、聖なる神性を包み隠すものであったのと同様、建築物を人間の精神性のあらわれと捉えて、そこに内面的、精神的作業による有機的フォルム（形態）を生み出しているのです。さらに言えばその建築とは、人智学的世界観をフォルムに表したという象徴や比喩なのではなく、美術や音楽といった芸術が単に言語による説明によってはその本質に近づき得ないのと同様、人に対して直接的に直観や感覚を通して働きかけてくるような、生きた体験としての世界を提供しているので

第 5 章 芸術療法に求められるスピリチュアルケアの側面　75

す。そのような意味で、フィルダー病院の入口を入ったとき感じるのは、初めて訪れたにもかかわらず、ある親しみ、懐かしさを持っていることでした。細部にも慎重に気を配ったその有機的フォルムは訪れる人、特に病める人々に安心感を与えるのではないかと思われます。1つ例を挙げれば、4階建ての病棟と治療棟が左右にゆるいU字の形で建てられていることです。中心には中庭があり、全体として中庭を包み込むように建物が立っています。病院関係者からは、心に病気や不安を抱えた患者がベランダに出たり中庭を散策するとき、自分が1人ではないということ、そしていつも環境から暖かく包まれ、守られていると感じられるように配慮している、との説明を受けました。色彩の精神的作用について述べますと、フィルダー病院の場合、まず建物、病室の壁ともに淡いピンクをベースにしています。淡紅色（淡いピンク）が人間の内的健康を表現するものであること、描画上のピンクの作用がどこか懐かしい子ども時代を連想させ、暖かな気分をもたらすことなどはシュタイナーの色彩論に照らし、すでに述べてきた通りです。つまり人を包み込む建物もその色彩も、いわば環境としての芸術治療であり得るということなのです。

図 5-1　病棟のピンクの壁

図 5-2　病棟の中庭

図 5-3　芸術療法の部屋とピンクの壁と楽器

(3) 環境としての芸術作品の役割

さてフィルダー病院内に入ると、次に目に付くのが絵画、彫刻などの芸術作品の豊かさです。特に絵画では「イコン」やラファエロを中心とする名画の複製を至るところで目にすることができます（図5-4）。それはあたかも物質的重たさを持たないイコンの美しさと、それを土台としてジョットからラファエロへと受け継がれた古代の美の輝きが病院内に満ちているようにも感じられます。真の芸術家は特別な神的創造力を与えられた者であり、その創り上げた作品は霊的な力を観る者に及ぼさずにはおかないとシュタイナーは考えましたが、特にそれが病者である場合、フォルムや色彩を通して力を与え、大きな癒しを提供するのです。

図 5-4

芸術作品の造形要素が与える治癒的な働きの他に、フィルダー病院では主題そのものに重要な意味を与えている絵画作品が展示されています。1つは病院内の多宗教用の礼拝堂であり、時に地域の人たちにも開放される「フェスティバル・ルーム」という多目的ホールに掲げられている小さな絵です（図5-5）。その絵の主題は新約聖書にある弟子たちの足を洗うイエス・キリストの図です。イエスの生きた時代、他人の足を洗うのは奴隷やしもべの役目であったことから、それをイエス自らが行うことで人に仕えることの意味を示したのです。

写真 5-5

また、このエピソードは聖書の別の箇所にある『私は仕えられるためではなく、仕えるためにこの世にきた』という言葉とも重なるものです。病室とは違

い、広く一般の人々にも利用されるホールの性質を考えると、フィルダー病院の理念が、作者も題名も表示されてはいないこの小さな絵の中に込められているということは容易に想像がつきます。

またもう1枚、これも患者とその家族、医師や看護師、病院職員など様々な人が利用する病院内の食堂に掲げられた壁一面のガラス・モザイクについて報告しましょう（図5-6）。

天使、魚、船などがモザイクによって描かれているのですが、その

図 5-6

主題は旧約聖書第二正典に属する『トビト書』の一場面から採られています。ストーリーを要約すると、旅するトビトの息子トビアがチグリス川にさしかかると、大きな魚が飛び出してきます。びっくりするトビアに神の使いとして旅のともをしていた天使ラファエルは、魚の胆のう、心臓、肝臓を取り出して持っていくように言います。旅の途中に、肝臓と心臓を焼いた煙でサラという女性の内から悪霊を追い出して妻に迎え、長い旅の末に両親の住むニネベの町に帰り着いたトビアが、すでに年老いて盲目となっていた父トビトの目に胆汁を塗ると目が見えるようになった、という話です。

確かに捕えた魚の臓物によって内に棲まう悪霊を追い出したり、盲目を癒す薬剤にすることなどを考えると、この場面の語る内容は病院にふさわしいものかもしれません。しかしこの物語を壁画の主題に選んだ意味は、そればかりではないような気がします。『トビト書』はもとより苦難にあっても敬神と隣人愛を説く物語ですが、同時に祈りの書でもあり、義人トビトやその息子トビアの数々の祈りが納められています。中でもトビトの「神はわたしにむち打ち、またあわれみをたれてくださった」という祈りの思想は、トビト同様、神の過酷な試練にあったヨブ（旧約聖書・ヨブ記）の「われわれは神から幸いを受けるのだから、災いをも受け入れるべきではないか」という祈りに共通のものです。

この深い宗教感覚に裏打ちされた精神性を、筆者はフィルダー病院のこの壁画の前で感じることができました。患者が自らの闘病生活の中でこのような精神性に触れることは、極めて意義深く、死に対する認識も含め心の平安と生きる意味を見いだすことであろうと思われます。

　さてここまで述べてきたことは、フィルダー病院というドイツの一医療施設の事例に過ぎません。しかし、福祉医療の場において直接的治療やケア以前に、施設、設備の色彩や形態、また個別の芸術作品がどれほど心身を病んだ人々を癒し得るかという芸術的環境の側面は、今後もっと真剣に取り上げられてよい問題であろうと思われるのです。

第2部
実践編

第6章

初期的導入法としての技法

1. 必要な導入の条件

(1) 保護者への理解

　芸術療法の持つノンバーバル（非言語的）コミュニケーションは、その治療の導入に際しても大きな要素になります。しかし、芸術療法の前提としてそれ以前に必要な諸条件について、ここではまとめておきたいと思います。

　例として子どもの治療を考えたとき、まず必要になるのは保護者への理解でしょう。芸術療法に対する一般の理解は多種多様です。一部の心霊治療ではないが、クライエントの抱える問題が、それこそ憑き物が落ちるようにたちまち解決されるようなイメージを芸術療法に抱いている場合もあれば、逆にそのことによる治療の可能性を信じない場合もあります。また、薬物療法のようには副作用がなく危険がないものだと認識していたり、必要以上にわが子の才能開花を期待するような障害児童の保護者がいる場合などさまざまです。勢いセラピストとしては親の期待に押されて芸術療法の導入をあせったり、クライエントの個別的な適応の限界を見誤ったりする場合が少なくありません。そこでセラピストは不適切な先入観を取り除き、正しい理解をしてもらうための第1歩をその導入に際して説明する必要があるのです。およそ次のような観点の中から、必要に応じて説明と確認をしておくとよいでしょう。

　① セラピストとの信頼関係を構築するに当たって遊びとともに芸術（絵画）を用いること。
　② 治療の導入に当たって子どもの緊張や不安を取り除く手段として用い

ること。
③ 言語的コミュニケーションに困難を抱えているとき、芸術（絵画）が子どもの考えや問題点を明らかにしてくれる場合があること。
④ 芸術（絵画）を利用する中で、一時的に子どもに退行現象や粗暴性が現れる場合のあること。
⑤ 保護者をはじめとする周囲の大人は、作品至上主義にならないよう注意が必要であること。
⑥ 芸術（絵画）は心の表現であると同時に、感覚の刺激や身体運動の要素も含まれている場合のあること。

(2) 環境設定

　芸術（絵画）療法の先見研究の中では、その前提となる環境への配慮に対する記述はあまり多くのページを割いていません。治療の最前線である病院を見ても、相も変わらぬ白い壁とリノリュームの床、暗い廊下を挟んで左右に設けられている四角い病室など、患者を包み込む治療環境は十年一日のごとくで、治療にとって環境がいかに二次的なものであるかを物語るものです。治療環境についての概要はすでに前章で述べてありますので、ここでは芸術療法の初期的な導入法の展開に当たって必要と思われる、具体的な環境設定について述べておきます。

1) 療法室

　まず部屋は個人療法であれば小さな部屋でよいでしょう。極端に息が詰まるような狭さは別にして、クライエントとセラピストが充分活動できるスペースが確保されていればよいと思います。逆に、間仕切りなどもない大きな部屋では、例え隅のコーナーを使うにせよどこか落ち着かない心情をクライエントに与えます。さらにセラピーに必要のない様々な物が置かれていれば、特に子どもなどはそちらの方に興味関心が流れてしまう場合もあります。一般的には芸術療法のための専用の部屋などないというのが現状ではないかと思われますが、クライエントが（実はセラピストが、と言い換えても良い）落ち着いて何かに集中でき、ゆったりとリラックスできる部屋であればよいでしょう。

2） 天井と採光

　自然光が取り入れられる窓の付いた部屋が良いでしょう。または、天井を高めに取ってあり、天窓などのある明るい部屋は良い環境であろうと思われます。人間は他の動物と違い2本足で直立して生活していますが、その分、上部空間が豊富であると、開放感とともに天とつながる神聖ですがすがしい気持ちを与えます。現代は一般住宅でも「吹きぬけ」部分を設置する例が増えています。もちろんそのような都合の良い治療室がすぐに手に入るとは思えませんが、少しでも天井の高い部屋はクライエントに開放感を与えるでしょう。窓はブラインドやカーテンをつけ、必要に応じて開閉できる方がよいでしょう。外に自然（山、木々など）が見える場合はよいのですが、その部屋が1階であった場合、外を通る人々や車の流れなどが頻繁に見えると気を散らしてしまうからです。また部屋が2階以上にある場合、窓から乗り出す、落ちるなどの危険性への配慮は必要です。逆に地下室などの窓がなく閉塞感のある部屋は、少し照明を強くして室内を明るくする必要があるでしょう。

3） 治療室に必要な物

　多様な芸術療法の種類、技法によって部屋の中に必要な物品は変わってきます。大きめのシンク（流し台）が必要な場合もあれば、多少汚したり傷付いても気にしなくてすむような作業台を必要とする療法もあります。大きな物で言えば、イーゼルや画板、必要な用具や材料を置く棚、箱庭や遊戯療法で使う玩具類などをしまっておく棚が必要な場合もあるでしょう。それらはセラピストが、自分の用いる療法の必要性に応じて室内をコーディネートするしかありません。ただ、人は部屋に入ったときに全体の印象を受け取り、影響を受けるものなので、雑然として散らかった印象、清潔できれいだけれど冷たく人工的（機械的）な印象、必要以上に飾り立てて部屋全体がカラフルでにぎやかすぎる印象、などは与えたくないものです。その意味で手本は自然界にあるようです。木の香り、自然な風、暖かな陽射し、これらが感じられるような部屋は人に落ち着きをもたらすでしょう。

4) その他の注意

クライエントの攻撃性を刺激するはさみ、カッターなどの材料やナイフ、ピストル、ハンマーなどの玩具は治療上必要な場合もありますが、扱いや与え方に注意を要するでしょう。自傷行為が予想される場合などは特にカッターなどはしまっておく方がよいでしょう。

また、ごく一般的に言っても、はさみなどは先の丸いものを準備しましょう。

セラピストの服装ですが、白衣は好ましくないでしょう。そのことで子どもやクライエントの緊張を強いる場合があるからです。しかし、クライエントによっては治療者の白衣を見て、自分は治療を受けているのだという自覚を覚えて治療効果の増す場合もあるようです。いずれにせよ、セラピストは「自分のスタイル」として白衣を選ぶのではなく、クライエントによって柔軟に使い分ける姿勢が大事でしょう。また、下着が透けて見えたり、胸元の大きく開いた服を選ぶことなどは、セラピストとして思慮に欠けていると言わざるを得ません。

2. なぐり描きの実践

(1) 遊びと治療

「遊び」を国語辞典（角川国語事典　角川書店　1987）で見ると、「遊戯」以外に「楽しむためだけの行為のこと」とあります。確かに幼い子どもの遊びを見ていると、そこには無心でこだわりがなく、行為自体を目的とするエネルギーの発露が遊びである、ということがよく分かります。そしてもう1つ「遊び」には「余分であること」という意味も付け加えられています。確かに私たちの生活の中では、例えば自動車のハンドルやブレーキ、クラッチなど、安全性の上から「余裕」のある機能のことを「遊び」と表現しています。ひるがえって、私たち自身のことを考えると、仕事や日常生活で時間に追われストレスを抱えたとき、そこから離れて純粋に楽しむためだけの「遊び」を希求します。スポーツで汗を流したり、カラオケに興ずるのはその代表的な例でしょう。そしてそれら「遊び」の機能がなければ、心身にかかるストレスの過重は

やがて私たちを押しつぶしてしまうでしょう。しかし、私たちの社会は、「遊び」を非生産的で役に立たないものと思っています。それはこれまで繰り返し述べてきた、経済優先の実利的で効率を追求する世界観からきているのですが、実際今日では、昼間から堂々と遊んでいても変な目で見られないのは幼児と高齢者くらいのものでしょう。また、「所詮は子どもの遊び」「遊び人」などと言うとおり、戦後の勤勉な日本人の中には「遊び」を蔑む意識がどこかに残っているようです。

いずれにせよ「遊び」は生活の鎖を解き、自由で囚われのない本来の自分を発揮することのできる場となり得るのですから、「遊戯療法（プレイセラピー）」の呼び名がある通り、治療やケアにとって有効な側面を持っていることが自然と知られます。

ここで取り上げるのは、そのような「遊び」の感覚を取り入れた描画療法です。

現在、遊戯療法は子どもといっても乳幼児から発達障害児などまで、幅広くその対象者を拡大してきました。また、子どもに限らず高齢者などにもレクリエーションをかねて様々に取り入れられています。治療の導入時点から考えたとき、喜びや快楽を伴う「遊び」は、子ども（クライエント）の心を解きほぐし、心理的な自由を獲得する手だてとなります。また、本章で紹介する描画法などは、子どもにとってセラピストに対する安心感や信頼関係を築くのに役に立つ、という側面も持っています。さらに、遊びは非言語的なコミュニケーションツールですから、乳幼児から発語の困難な児童、障害者、寡黙な高齢者に至るまで、互いの意志疎通を図るよすがとすることもできます。そしておそらく遊戯療法と芸術療法の組み合わせで、最も特徴的なことは、自由な遊びの中でこそ無意識の扉が開かれる、という点です。

(2) なぐり描き法の開発と目的

マーガレット・ナウムブルグ（Margaret Naumburg、1890〜1983）はアメリカにおいて芸術療法の先駆的活動を成した人物ですが、精神分析の研究と美術教育を通して力動指向的芸術療法の開発へと情熱を注ぎ、1950年代、1960

年代のアメリカの芸術療法の中心的役割を果たすとともに、その著書は芸術療法の基礎知識を学ぶ際に、現代でも欠かすことのできない文献となっています。ナウムブルグが当初ニューヨークに設立した学校において、子どもに自由で自発的なアートを直接指導したのは、彼女の姉で優れた美術教育家であったフローレンス・ケインでした。後にナウムブルグが芸術療法の臨床として応用する「なぐり描き法（scribble technique）」もケインの開発した美術教育の一技法で、ナウムブルグはフロイトの精神力動論を基に、自由連想的に自発的な絵を描くことをクライエントに求めたのです。ナウムブルグはその著書の中で「芸術療法は患者治療者間の象徴的次元におけるコミュニケーションを描画への投影として促進する」[1]と述べています。つまり芸術（自発的描画）が互いの内的なイメージを外化させ、芸術（自発的描画）を介した対話（言語的コミュニケーション）へと導いていくというのが、この技法の目的の1つです。またもう1つはこの種の技法の導入によって、クライエントが自己の思考、感情、記憶、意志を自発的に表現し、自由、解放、発散を味わうという効用も上げられるでしょう。

(3) なぐり描きに必要な用具
 1) 筆記用具
　クレヨン、パステル、サインペン、色鉛筆など、線を明確に引くことができて色数の豊富な材料が適しています。16色から24色ほどのセットが適当であろうと思われますが、何も厳密にこれだけの色数がそろっていないとできないというわけではありません。誤解を恐れず言えば、むしろ技法開発者の名付けた〇〇法を厳密に守ることやその教条的な解釈は、クライエントの個別性から離れていく危険を含んでいます。
 2) 描画用紙
　一般的な画用紙が良いと思います。薄いコピー用紙のようなものは手軽ですが、筆圧に耐えられなかったり、皺になったり破れる危険性が高いので不向きです。線を描いたときに画用紙がしっかりと線描を受け止めてくれる、ある種の抵抗感が必要なのです。

画用紙の大きさはクライエントの状態などによって千差万別です。多様な絵画療法を考えると、描画用紙は葉書大のものからA4、八つ切、四つ切など数種類の大きさを準備しておく必要がありますが、初期的導入における「なぐり描き」の場合はA4または八つ切くらいが適当でしょう。

(4) なぐり描き法の手順
1) 導入に際して

初期的な治療場面においては、クライエントの資質や性格傾向、生育歴など、ある程度の情報を得ていることが望まれます。これは治療や造形活動の計画立案、治療の目安や方向性を考える上で役に立つものです。注意しなければいけないことは、事前情報を先入観として固定的に考えてしまわないことです。そのとき限りの（代替の利かない）お互いの出会いこそを大事にすべきだからです。また導入に際してはクライエントとセラピストの信頼関係の構築が1つの鍵となります。これは一般的な医療や教育においても言えることで、そのために自由な「なぐり描き」を楽しむ雰囲気と教示が必要です。

2) 材料の提示となぐり描きへの教示

画用紙、描画材料などを用意し、初対面の挨拶の後、「何かを描こうと考えないで（まったく自由に）、この紙の上になぐり描き（ぐるぐる描き、めちゃくちゃ描き）をしてみましょう」などと教示します。もしクライエントが興味を示して、エネルギッシュななぐり描きをし始めたら、それはそれである意味での治療過程となります。言葉で理路整然と語れない内面の葛藤を画用紙にぶつける場合もあるでしょうし、攻撃的なエネルギーを画用紙の中に筆圧強く叩きつける場合もあるでしょう。幼児であれば腕の円環運動と描画の跡に驚きと興味を覚えて、繰り返しなぐり描きをするでしょう。クライエント自身が意識しているとしていないとにかかわらず、なぐり描きは心を解放し、カタルシスを与えます。目に見える明らかな治療効果や数値による改善のデータがないからといって、描画の中で行われる自己治癒的な働きを無視する訳にはいきません。そこには正しさや間違いはありません。自由ななぐり描きの過程とその作品を眺めることで、クライエントは「ありのままの自分」を受け入れていくの

です。プロセスを楽しむこと、自分に評価を下さないことなど、セラピストは肯定的な言葉かけによってクライエントの自分自身に対する受容と共感へと導いて行くのです。

3) なぐり描きを用いた投影法

もしクライエントがささやかな線描を描くなら、ちょうど幼児が空の雲を見て「〇〇に見える」と見たて遊びするように、「あなたの描いた線は何かものの形が見えてきませんか？ もし何かイメージが浮かんだら、自由に線を描き足して絵にしてみましょう」と教示を続けて、クライエントの創造性に働きかけることができます。その促しから、やがてクライエントがイメージしたものを線や色を塗ることによって、なぐり描きが１つの具体的な形として浮かび上がります。

4) コミュニケーションの始まり

いろいろな形ができあがったところで、その絵を間に治療的な話し合いが発展するでしょう。日常生活においても、私たちはいきなり初対面の誰かと話が弾むということはありません。気まずさの中で何か共通の話題に触れたとき、堰(せき)を切ったように話が進み、お互いの心が相手に向かって開かれるのを経験します。まして、発語の困難な児童、障害児（者）、高齢者や寡黙なクライエントの場合、造形作品が間にあるということはコミュニケーションの大きな助けになります。また、考えがまとまらない（どのように訴えて良いか分からない）クライエントが自分の描いた描画（または造形作品）を手がかりに、自分のことを物語風に話すことができたりする例もあります。

(5) いくつかの覚え書き

最後に順不同ながら、「なぐり描き（法）」に関するいくつかの指摘をしておきます。

- クライエントのなぐり描きにセラピストが線描を描き足して絵を仕上げていく（またはその逆にセラピストの描いたなぐり描きにクライエントが描き足す場合もある）、「交互なぐり描き法」も開発されています。これについては第9章「相互関係の中で扱われる技法」の中で取り上げます。

- なぐり描きに限りませんが、描画が内面の投影である以上、様々なイメージがそこに現れます。もし現実から遠い、または離れて行くようなイメージが強い時には、その日の絵画療法の終了に際して、例えば「今日の朝ご飯は何を食べましたか？」「ここへ来るのに電車賃はいくらかかりましたか？」など、生活感のある具体的な内容の問いかけ、やり取りを心がけます。
- 白い画用紙に抵抗を示す場合、薄い色画用紙などを用いることもできます。また、精神科医で日本の芸術療法のパイオニアである中井久夫が開発した「枠づけ法」を用い、描画に対する抵抗を緩和させる方法も有効でしょう。

なお、なぐり描きの参考作品は（図6-1）に示しています。

図6-1

第7章

色彩療法

1. 透明水彩によるにじみ絵の実践

(1) 輝きの3色

　色彩論の基礎や色彩の人間学的な考察はすでに述べてきた通りですが、ここではルドルフ・シュタイナーによって提唱された人智学的な色彩学に照らして開発、実践されている色彩療法について、具体的な実践方法を述べてみたいと思います。

　ゲーテの色彩論を基底にしたシュタイナーは、黄、青、赤の3色を「輝きの色」と位置付けましたが、それを基にしたにじみ絵の基礎描画では、黄色は「外へと放射しようとする」性質から、中心を濃く周囲に向かって薄く明るくなるように描かれるのが、その性質に沿った描き方だと考えます。逆に青は「内へと輝く」ので、境界を濃く中心に向かって明るく、内面を照らすように描くことで青本来の姿が息づき、赤色は「静止する赤として作用する」ため、その色面を均等に塗り広げることで、赤本来の性質が力強く主張すると考えたのです。このような3原色の性質を理解した上で、にじみ絵の基礎描画においてそれぞれ何が輝くというのでしょうか。シュタイナーによれば黄色はそれを描く者の内面（自らの精神性）を明るく照らし、青色の穏やかな輝きは感情のもとである心魂に作用し、外的な環境から離れて内的に調和しようとするというのです。また赤色に向かい合う者は誰でも、生命的な活気を呼び起こすと考えました。つまり黄、青、赤の3色は人にとってそれぞれ次のような輝きをもたらすということができるのです。

黄色→精神の輝き
青色→心魂の輝き
赤色→生命の輝き[1]

(2) にじみ絵制作に必要な環境と準備物

治療環境についてもすでに述べてきたところですが、色彩療法の場合は特に環境への配慮が重要です。なぜなら色自体を治療の道具とするためには、クライエントの目に映る環境が、治療の上で色彩に自己を集中させることを妨げる場合があるからです。人工的な色彩は他の色彩環境との調和的一致を図ることを目的としていません。自己主張の強い色彩は人を疲れさせ、同様に様々な色彩があふれている部屋は統一感を欠き、治療環境に不向きです。できるなら木肌の素朴な色か薄いブルーの壁などがクライエントに落ち着きをもたらすでしょうし、作業台も木製の地肌のものがよいでしょう。照明はあまりにすべてをあからさまに映し出すような明るすぎる蛍光灯は避け、自然光が取り入れられればそれに越したことはありません。

1) 画用紙

画用紙は市販のごく普通のものを使用します。画材店には高価な水彩専用紙もあります。通気性が良く、多孔質の水彩専用紙は良いに違いありませんが、作品至上主義に陥らないためには、紙質に過度にこだわる必要はないでしょう。大きさは前述した通り、クライエントのエネルギーや好みもあるでしょうが、八つ切か四つ切を用意すればよいと思います。

2) 透明水彩絵の具

水彩絵の具には通常透明水彩と不透明水彩の2種類があります。不透明水彩絵の具は、いわゆるアクリル絵の具やポスターカラー、また小学生が一般に使う絵の具で、油彩のような大胆な重ね塗りやムラの無い色面を作る際に適しています。ここでは少々割高なのですが、発色がきれいで透明感のある透明水彩を使用します。ゲーテは色彩を、物に貼りついた物質の表面にあるものとしてでなく、それ自体、生きて活動する自然の本質の現われであると考えましたが、描く過程で自然に実現される色彩の微妙なニュアンスを体験するには、つやの

ある透明水彩が適しているのです。シュタイナー派では自然の草木から抽出したいわゆる植物顔料の透明水彩を用いたりする例もあります。

　3）　筆

　筆は丸筆、平筆のどちらでも構いませんが、にじみ絵の場合は水性用の太いもの、または2〜3cmの刷毛を使うのがよいでしょう。これはクライエントに広い色面を塗らせることで、具体的形態からできるだけ自由であらしめるためです。また筆は1本だけを用意し、1色塗っては筆洗して次の色を塗るようにします。色を塗るというプラスの造形作業と、筆洗いというマイナスの作業を作業過程の中に組み合わせることも、治療要素の1つとなるからです。

　4）　画板

　その上に濡れた画用紙を置くことや絵の具がはみ出しても気にせず描けることなどを考慮すると、四つ切画用紙がゆったり置ける大きめのサイズの画板が必要です。

　5）　バットまたは大きめのシンク

　画用紙をあらかじめ水につけておくためのもので、画用紙が余裕を持って入れられる大きさが必要です。バットにせよシンクにせよ、水をためて何枚かの画用紙を浸しておくことのできるものであればよいと思います。

　6）　スポンジ

　画用紙にたっぷりと水を含ませると、水が多すぎて画用紙の表面の水が均一でない場合や皺ができてしまう場合があります。そのようなときには、スポンジで表面の余分な水を取り除きます。

　7）　ウエス

　筆の水分をぬぐうために必ず筆のそばに一枚必要です。また、絵の具や水をこぼしたり、周囲が汚れた場合を考えて、少し余分に用意しておくと良いでしょう。

　8）　筆洗・溶き絵の具のバケツ

　筆洗はその行為そのものが造形活動の重要な要素ですが、溶き絵の具を使うにじみ絵では、中の絵の具が見える透明な容器が適しています。個人療法では大きさもジャムのガラスビンなどを使用するのがよいでしょう。軽いプラス

チックコップなどは高さがあって安定が悪く、そちらに気を取られてゆったりと描けない場合があります。また、筆洗のバケツは市販の安定感のあるものを使用し、作業中は時々すいできれいな水に入れかえることが必要になります。

(3) 実施法
1) 準備

あらかじめバットに水を張り、必要な枚数の画用紙を水につけておきます。画用紙に充分水分を浸透させるためには、1時間くらいつけておく方が良いようです。画用紙を水に浸すときは複数枚を一度に重ねると、画用紙と画用紙の間に水が入らない場合があるので、面倒でも1枚ずつ浸します。テーブルの上には赤、黄、青の3色の絵の具を水で溶いたものをそれぞれのビンに入れておき、筆洗用バケツ、画板、筆、ウエス、スポンジを傍らに用意しておきます。準備は面倒なものですが、クライエントを落ち着いた雰囲気の中で迎えることができるよう、事前にここまでの準備を整えておく方がよいでしょう。

2) 導入と具体的方法および流れ

導入ではクライエントがなるべく積極的な気持ちで色彩と向き合えるように、自然界の四季の色の美しさを話題にしたり、色彩に関する内容が盛り込まれた詩歌を一緒に味わったりします。小さな子どもであれば一緒に歌を口ずさむのもよいでしょう。そして気持ちが造形活動に向いたところで、セラピストは濡れた画用紙をぞんざいにでなく、大切な宝物を扱うようにクライエントの画板の上に置きます。もし画用紙表面の水分が余分に浮いているようであれば、スポンジで軽くふき取るか、ふき取るよう促します。描く前のこうした一連の準備や動きはクライエントの緊張を解き、穏やかさを与えます。

さて、いよいよ作業の開始です。絵画療法の一般的な原理は自由な表現の保障ですが、ここではクライエントには「青色でまわりを濃く、中心に向かって薄く明るくなるよう塗ってみましょう」という教示を与えます。クライエントは太筆にたっぷりと絵の具を染み込ませ、画用紙の上に雫をたらしたり筆圧を込めずにゆったりと色面を作るように絵の具を置いていきます。青の静けさ、

青の作り出す明暗の移行は内なる気分を整え、調和へと導くでしょう。同様に黄色、赤色を順に塗っていきますが、筆を洗って別の色を置くと、3色はそれぞれ濡れた画用紙の中を動き、出会い、新たな色彩を生み出していきます。混合は互いを活かし合う色の響き合いでもあります。線描的で具体的な形象を意識させず色彩感情から描くようになると、クライエントは色自体から美的感覚を目覚めさせ、無意識に調和を体験します。にじみ絵のやり始めの頃は、混色が過ぎて画面を汚してしまうこともあるでしょうが、色そのものが生きるようなこうしたやり方を繰り返すうちに、クライエントは美しい色彩のハーモニーを体験として理解するようになり、きれいな混色の段階で満足して筆を置くようになります。

3) 作品の保管と片付け

描き終わったならば、濡れた作品を保管して乾燥させなければなりません。個人が特定できる乾燥棚に入れるか、ボールペンまたは油性のサインペンなどで氏名、制作年月日などを書いておく（書かせておく）必要があります。

(4) にじみ絵による治療のチェック項目

これまで述べてきたことでわかるように、絵画療法としてのにじみ絵の制作は、作品からクライエントの問題や情報を読み取ろうとする投影技法とは違い（もちろん厳密に言えばまったく内的な自己が開示されない、とは言えませんが）、むしろ描く過程で働きかける色彩の性質や調和の感覚、造形作業の際のゆるやかな呼吸などが大きな治療プロセスとなるのです。セラピストはクライエントの感想やつぶやきに耳を傾け、それらに共感的に応答し、ともに色を味わう姿勢で、自由で保護された安心空間を作り出すことが求められます。

療法場面での観察は、

① クライエントとセラピストの相互交流がどのようになされたか。
② にじみ絵制作に取り組む姿勢や意欲はあるか。
③ 準備や制作手順がスムーズか。
④ 描画中の様子や言葉はどうか。
⑤ どのように制作を終了したか、または中断したか。

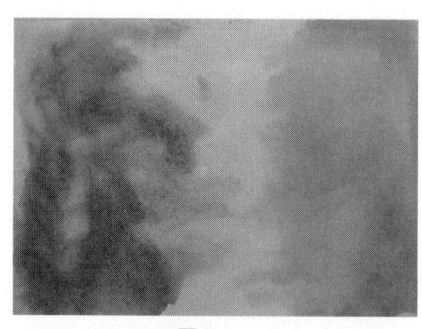

図 7-1

図 7-2

⑥ 描かれた作品が両者の間でどのように扱われたか。

⑦ 描画をやる前とやった後の変化はあるか。

といった項目が考えられます。もちろん治療や描画の効果を性急に期待することは避けなければなりません。丹念に繰り返す中で、適応の良し悪しを慎重に見極めましょう。

なお、具体的形態から自由で心魂の海を漂うようなこの作業は、内臓（特にお腹など）を緩やかにするとも言われ、分泌、排泄に良い影響を及ぼすと言われています。なお、にじみ絵の参考作品は（図 7-1、7-2）で示しています。

2. 層技法の実践

(1) 層技法

にじみ絵には様々な応用技法があります。そのすべてを網羅することはできませんので、ここではごく簡単に2つの技法について紹介をしておきます。1つは「層技法」と言われるものです。画用紙は簡単に濡らす程度で画板やパネルに接着テープで固定します。色はにじみ絵同様に赤、青、黄を使い、より薄く溶いた絵の具を大小問わずまとまりのある色面として描いていきます。大切なことは、1つの面を塗り終えてから次の面へと移ることと、まだ濡れている色の上には描かないことです。コツをつかむまでは遊びの中で練習することが必要になるでしょうが、慣れてくると透明水彩の薄い色の重なりを美しく味わうことができるでしょう。その意味では、手順を守る秩序感と描きぬくまで

の忍耐、自制心などがクライエントに作用するでしょう。自宅や通所・入所施設・病院などで毎日少しずつ続け、1枚の絵を仕上げるのに幾日もかける場合などは、その中で繰り返す力やリズム感も培われるでしょう。描く際、呼吸を整えリラックスすることが大切なのはにじみ絵同様です。層技法は、特に心臓の活動や血液循環を鎮めるよう作用すると言われます。

(2) 課題画

　テーマを決めてクライエントに絵を描かせると言っても、美術の教科教育のように考える必要はありません。シュタイナーの提唱している絵画実践では、人間を含めた生命あるものは色彩の世界から成長してくると考え、自然界にある様々な生物や事象を主題とするからです。ここでは「木のモチーフ」を取り上げてみましょう。木のイメージは私たちにとって身近であると同時に人間の似姿のようにも思えます。描画テストの中に「木＝バウム」を取り入れることは理に適っていると言えますが、ここで取り上げるのは繰り返し述べるように投影法としての描画ではありません。

　日本人は巨木に対し神聖なものとして畏敬の念を抱きますが、大地を描き、その中から上に向かって筆を登らせながら木を描くとき、クライエントは木の生命力を追体験することになります。四季の木々にもそれぞれの気分と表情があります。萌出る春の若枝、夏の明るい陽の光の中で輝く緑、秋の黄金に輝く木々、また葉を落とし冷たい霧の中に立ちすくむ厳しい冬木の気分に、クライエントは自分を重ねるかもしれません。しかし、そこには春を待つ隠された根と種子の生命が隠されています。セラピストは一つひとつの色彩の作用を考えながら、ふさわしいモチーフを提案していくことが必要になります。色彩を楽しむことは開放感を生み、穏やかさをもたらすなど感情と表現に調和を与えます。

第8章

触覚に刺激を与える技法

1. 触覚の意味と役割

(1) 五感の喪失

　乳幼児期の育ちにおいて、他人、特に母親とのスキンシップや様々な感覚の刺激が心身の発達、成長に欠かすことのできない要素であることは、よく知られているところです。

　しかし、現代では乳幼児どころか、子どもを育てる若い親世代がすでに高度に機械化、システム化された生活にどっぷりと浸かり、五体五感を素朴に使うということが無くなりつつあります。そもそも体を動かすことは人間の心身の健康にとって理に適ったことなのですが、その意味では便利・快適を追求する現代において私たちは、ひどく「ものぐさ」になってしまったようです。寝転んでいてもスイッチ1つで用が足りる家庭電化製品のリモコンに始まり、エレベーターや動く歩道まで、本来は高齢者や障害者などへの福祉目的のために開発されたであろう先端技術を、健康な者までが一様に生活の中に取り入れて、かえって不健康を招いているのが現状です。

　1、2階の間を移動するのに若者が何の疑問も抱かずにエレベーターを使い、そんな若者を尻目に、高齢者が健康のためにと階段をせっせと上り下りしている状況はまったく皮肉なことと言わなければなりません。また結論から言えば、通常「五感」と言われる触覚、視覚、聴覚、味覚、臭覚についても、私たち現代人はその感覚を鈍磨させていると言えないでしょうか。都市化の波は今や全国に広がり、日常生活や仕事上触れるものは人工物ばかり。少し大げさに

言えば、草花に触れ、その匂いを嗅ぐのは小さなプランターの中でしかありませんし、土を踏みしめて歩くことがあるとすれば、それはせいぜい人工的に整備されたグラウンドの中なのです。「激辛」に代表されるような刺激の強いインスタント食品類は、私たちの味覚を否応なく麻痺させますし、激しいリズムと音量に支配されたポップスと、それをイヤホーンで聞き続ける私たちは、微かな自然の音に耳を傾けるという喜びをすでに放棄しています。併せて世は抗菌時代であり、汚れを必要以上に嫌う性癖が世の主流となりつつあるのです。子ども世界でいじめ言葉の定番といえば「きたない!」「くさい!」というセリフです。そのような世界の中で、洗っても洗っても自分の手が汚いと思い込む病的な潔癖症が生まれてきたのかもしれません。

　さて、皆さんはこれら五感の喪失とも言うべき状況についてどう思うでしょうか。筆者は極端で一面的な現代感覚を描写しすぎたでしょうか。しかし、こんなことは嘘っぱちだと、笑い飛ばせる人が果たしてどれくらいいるでしょうか。

(2) 触覚による根源的欲求

　では本来の感覚を取り戻すために、私たちにできることは何でしょうか。感覚に刺激を与える治療的プログラムとして、本章では「触覚」を取り上げますが、その理由は、何かに触れるという行為が同時に他の様々な感覚を動員することに他ならず(基本的には他の感覚も同様にその他の感覚の助けを借りていますが)、触覚は特に自分が世界と出会い、境界に気付き、そのことによって自分を知る基本的な手がかりとなる感覚だからなのです。

　新生児は果たして自分の体がどこまで広がっているのか、正しく理解しているでしょうか。自分の足がどこまで伸びていて、どこからが足に触れている布団という外界なのかということを、まどろんでいる赤ちゃんは明確に意識できません。乳児はやがて自分を知る手がかりとして、自分の境界を触覚によって探っていきます。周囲を歩き回り、自分と外界を隔てる境界を認識したとき、およそ3歳くらいで子どもは自分のことを「わたし」と表現できるようになるのです。そもそも私たち大人でも、外界と自分が一体となってまったく重なり

合うなら、何処までが自分で何処からが外界なのかが分からなくなってしまいます。また逆に、自分が外界とまったく隔たって存在しているのであれば、私たちは自分というものを確認する手がかりを失うことになります。つまり私たちは外なる世界と一体となるのでもなく、離れてしまうのでもなく、境界を「接し合うこと」によって初めて互いを認識することができるのです。事物に触れ、探りたいという思いは、世界とは何か、自分とは何か、を知ろうとする根源的な欲求なのであり、触覚の本質的意味合いです。

(3) 触覚の治療的側面

　触覚の本質的な意味は、しかし2つの対照的で具体的な側面を持っています。1つは自分や対象の存在を意識化するためのものです。私たちは小さなとげが刺さったことで指を意識します。壁に当たって自分の体が跳ね返されることで、壁の固さと自分の体の柔らかさを意識します。しかし触覚は同時に主観的な愛の表現としても用いられます。いとおしい我が子を抱きしめるときの触覚と、医者が患者を触診する時の感覚はまったく対照的なものなのです。この違いは「くすぐり遊び」を思い浮かべればよくわかります。私たちは自分で自分をくすぐることができません。そこにはどうしても他者の存在が必要です。それも自分に対して「悪意のない」「愛情に裏打ちされた」他者の存在が。この2つ目の側面もまた触覚の深い意味合いです。人間同様に、手触りの良い素材や私たちをありのままに包み込んでくれる自然素材がクライエントにとって治療的意味を持ち得るのは、世界が自分にとって敵対的でないこと、深い愛に貫かれた魂の深部に触れる感覚がそこにあるからです。したがって、一見逆説的ですが、触覚は外界を認識するというよりも、そのことを通して自分の内部に働きかける感覚だということができます。例えば、粘土を治療的に用いるということは、自分を新たに発見し、創造的に形を形成していくことで意志の力が呼び起こされ、特に肢体への能動性が促されるのです。

2. フィンガー・ペインティングの実践

(1) フィンガー・ペインティングとは何か

　筆などなかった太古の昔から絵や文字は存在していました。また呪術的な意味合いから体に泥や染料を塗る行為もありました。最も素朴に考えれば、その際、筆の代わりに使われたのは指だったことでしょう。筆でなく指で描くという方法を幼児教育に取り入れたのはショウ（Shaw・R・P、1930～31）であり、以降、我が国でも児童の絵画制作の分野で実践されています。また現代絵画の中でも、指や手のひらを駆使する技法はすでに盛んに取り入れられています。治療的技法としてのフィンガーペインティングも国内外で報告されていますが、心理療法や絵画療法の中での実践、研究の深まりはそれほどないようです。
　その理由ははっきりとはわかりませんが、情緒的に不安定で自分自身に対する制御が利かないようなクライエント、また近年急増している多動な子どもの場合、収拾がつかなくなると考えて適用を控える向きもあるようです。実際、幼児などに造形活動としてフィンガーペイントをさせると、顔や服にまで絵の具が飛び、画用紙をはみ出して、辺りに絵の具を塗りたくってしまう場合も見受けられます。しかし、日頃抑制されやすい身体探索の欲求が満たされたり、汚したいという欲求の満足、発散、開放感などカタルシス効果という点において、フィンガーペインティングの役割は決して小さくありません。クライエントとセラピストとの信頼関係やふさわしい環境が整ってさえいれば、もっと活用されて良い技法であろうと思われます。きれいで手間要らずの技法ばかりが絵画療法ではありません。恐れずに、時にセラピストもクライエントとともにダイナミックな取組みをしてみる必要があるでしょう。

(2) 必要な用具

　絵の具は市販の水彩絵の具をそのまま使うことができます。伸びが悪ければ水と糊を入れて使用します。また最近は、絵の具メーカーから専用の「指絵

の具」が開発されていて、色数も豊富です。描く紙ですが、画用紙はすぐに絵の具の水分を吸ってしまい、自由に指で描くには多少難があります。紙ならばケント紙が良いでしょう。一番良いのはプラスチックやデコラ張りの板です。表面がツルツルとしていて何度でも上から消しては新しい線を描くことができるからです。しかし特別手に入れなければならなかったり、あまり高価であれば、ダンボールを画用紙代わりに使うという方法もあります。ダンボールは特有の縞模様が出てしまいますが、表面が加工されているのですぐに絵の具を吸ってしまうことはありません。服装はあらかじめ計画に沿って、着替えを用意する、その日は汚れても良い服で来てもらう、エプロンやスモックを着用するなどの工夫をします。療法室はあらかじめテーブルや床に多少絵の具が付くことを覚悟しましょう。ただ、水彩はもとより指絵の具なども水で洗い落せるものですし、あまり部屋を汚されることに神経質になってクライエントの活動に制限を加えるようでは逆効果です。その他に用意しておいたほうが良いものは、床やテーブルに敷く新聞紙、水入れ、絵の具を出す鉢や皿などです。

(3) 具体的方法と流れ

まず、フィンガーペインティングの説明をしなくてはなりません。「通常絵を描くときには筆を使うものだが、今日は手指を使って絵の具遊びをしてみましょう」という具合に、「遊び」であることを告げておくと、初めての取り組みに対する抵抗感が弱められるでしょう。

子どもなどは潜在的に水や土、材料に触れるなどの原初的な体験を好むものですが、日常的にきれい好きを奨励されている場合、「きたない」「気持ちが悪い」「お母さんに怒られる」などと言って絵の具を触ることに抵抗を示す子どももいます。前述したようにあらかじめ保護者の理解を得ておくことや、ここでは汚しても構わないんだという雰囲気を作ることも大事です。また、概して大人は絵の具は本来手指で触るものではない、という固定観念があるため、逡巡する場合もあります。そのようなとき、セラピストが率先して取り組んで見せる必要がある場合もあります。好きな絵の具の色を聞いて皿に出してあげたり、手指につく絵の具の感触について「どんな感じ？」と聞いて、言葉で答え

てもらうのなどもよいでしょう。絵にする場合「自由画」ですから心に浮かぶ自由なイメージを描いてもらいます。それは具象でも抽象でも構いません。失敗を恐れたり、実際「うまく描けない」などの発言に対しては、描いた上から別の絵の具で何度でも塗りつぶし、描き直すことができるということを伝えましょう。充分に絵の具の感触を味わったり絵ができたようなら、「楽しかったね」などの言葉掛けとともに片付けを促しましょう。作品の保管はもとより、水道で用具の一つひとつを洗ったり、付いた絵の具をふき取ったりする作業も大切な治療の一環になることがあります。ただし、クライエントが「自分だけで片付けるから手を出さないで」というメッセージを伝えている場合以外は、なるべく一緒に片付けるようにします。特に、自分は面倒な片付けをしているのに、セラピストはただ横で見ているだけだ、などという感想を持たれると、せっかくの信頼関係を損ねることにもなりかねません。まして大人や思春期児童の場合、セラピストから「観察されている」と感じることは往々にしてあることです。フィンガーペインティングに限りませんが、面白い、やって気持ちが良かった、すっきりした、我ながら良い作品ができた、またやってみたい……といった感想を持ってもらう方が良いに決まっています。

(4) 治療的要因と留意事項

ここまでにも述べてきましたが、治療的要因としてまず挙げておきたいのは、原初的な触覚への刺激でしょう。指、手のひらなどを豊かに使う作業は一種の身体表現であり、身体内部の力の表出です。幼い子どもほど手指にとどまらず、やがてフェイスペイント、ボディーペイントへと表現の領域を広げていくのはそのためです。第2は筆を使わない分、上手、下手にとらわれにくくなるという利点です。絵の良し悪しから自由であることは、情動を比較的ストレートに表現しやすくなることにつながります。ほとばしり出るイメージが直接手指に伝わり、より深い内面が投影されやすくなります。作品の象徴的解釈は一般的な自由画と同様です。そこに使われている色彩と形態、具体物の象徴的意味、絵の具の量、なすりつける強さ、リズム感、バランス、余白、中心性、統一感など、分析の対象として様々なものを発見するでしょう。

図 8-1

図 8-2

しかし繰り返しますが、フィンガーペインティングの治療的意味の大きな点は、触覚への新たな刺激、そのことによる自己への気付き、描画中の集中、汚すことの快感、発散、身体的欲求の解放などであろうと思われます。

フィンガーペインティングの参考作品は（図8-1、8-2）で示しています。

3. 粘土を用いた実践

(1) 粘土遊びの特質と意義

粘土は幼児期から学童期にかけてすでに造形素材として日常的に用いられているものであり、その意味では多くのクライエントにとってなじみがあって、取り扱いやすい素材です。触覚の意味については前述してきた通りですが、粘土という立体に内在する力は、ちょうど幼い子どもが手にしたものを何でも存分に撫で回し、たたきつけてその性質を理解しようとする行為に象徴されるように、探求心に働きかける一面を持っています。課題を与えず自由にちぎったり、丸めたり、伸ばしたりする体験は、自発性を促し、自信を回復させます。適度な硬さと弾力によって、扱う手を押し返してくる粘土という素材は、クライエントにエネルギーの発散と意志力を要求します。また、課題を与えた場合、手の中でさまざまに形を変え、目指す形態へと粘土を導いていく過程が、それを行うクライエント自身の心身の形成力に働きかけていきます。外界に対する積極性とともに、子どもや障害児の療育においては、性格の調和を促したり発達援助にも貢献します。個々の具体的適応については後述します。

(2) 粘土技法に必要な用具と注意事項

　粘土には紙粘土、油粘土、土粘土など様々な分類があります。

　紙粘土は空気に触れると水分の蒸発に伴い、固まって元には戻りません。匂いも少なく扱いやすいのですが、目的と時間を決めて取り組む計画性を持って行う作業に適しています。また、乾燥後は上から色を付けて作品として保存することもできます。クライエントが自作の粘土作品を大切な自分の分身として眺めたり、家族や周囲の人々が作品を見て励ましや賞賛の言葉をかけるなど、そこには生きがいの創出や有能感、病気や障害、抱える問題を乗り越えようとする力が生み出される場合があります。油粘土は油性分でできているため、扱う手がべとついたり、匂いがあります。反面、空気に触れて乾燥してしまう心配がないので、時間を気にすることなく作業でき、1つの粘土を缶などに保管して何度でも繰り返し取り扱うことができます。土粘土は素材としては土を主成分とするので一番自然な素材といえますが、乾燥するとやわらかさがなくなり、ひび割れも起きるので、手元に水を置いて適度に湿らせながら作業を進めることになるでしょう。保管も乾燥しないよう濡れタオルなどに包んでおかなくてはなりません。

　他にも教育教材の中にはブロンズ粘土など、さまざまな仕上がりの美しさを保証するものがありますが、療法として扱う場合において、あまり特殊なものはそちらの方を気にするあまり、粘土技法の持つ本質的で自由な素材との対話がおろそかになることがあるので注意しましょう。

　さて、粘土のほかに用意しておくものは、粘土をこねる粘土板かそれに代わる板（下敷き）が必要です。粘土の種類によって、水や濡れタオル、雑巾などが必要になります。セラピスト、クライエント共々胸当てのあるエプロンを身に付けることもよいでしょう。また場合によってですが粘土用のヘラを各種揃えておきます。これは制作の折に粘土を切ったり、伸ばしたり、穴を開けたりする場合に使用するからです。特に、課題を与える場合、表現の必要に迫られてクライエントが要求する場合もあるでしょう。もちろん、クライエントによっては危険回避のためにヘラは与えないという場合もあります。造形を治療的に役立てようとする場合、ヘラに限らず自傷、他傷を含めて凶器となり得る

材料が必ずあるものです。言うまでもなく、それらは慎重に取り扱いの有無を決めていかなければなりません。

(3) 粘土技法の実際
1) 導入

　粘土を渡した際に、まず初めにしなければならないことは、粘土が手になじむまでゆっくりとこねることです。粘土の量は両手に収まるくらいがよいでしょう。手のぬくもりが伝わり手になじむまで、粘土をやわらかくしていきます。この時間は案外大切です。なぜなら粘土と自分が対話をし、素材を味わうとともに自分の手の暖みや力加減も実感することができるからです。触覚とはこのように外界とともに自分を発見する感覚なのです。また徐々になじんでくる粘土が、自分に寄り添ってきてくれる感覚も味わうでしょう。

　たたきつけたり、ちぎったり、伸ばしたり、丸めたりしながら粘土と遊ぶうちに、クライエントは自然なかたちでその性格を開示させます。攻撃的な子どもなどは床や壁にたたきつけたり、ヘラを突き立てたりするでしょう。普段晴らせない不満や誰かに向けた攻撃性を粘土にぶつけることで発散させるのです。また思春期児童などの場合、ペニスや乳房など性的な表現を試みてセラピストの反応をうかがうこともあります。いずれにせよ粘土を扱うことによる解放感がそのベースにあるのでしょう。また粘土の感触を嫌がって指でつつく程度にしか触れなかったり、粘土をこねるための力を込められないクライエントもいます。病気で体力の弱っている人、心身のエネルギーが欠乏している人などは、体力の消耗を招いてしまうなど逆効果になる場合があるので、注意が必要です。

2) 自由制作

　さて粘土が柔らかくなり手になじんできたら、自由なイメージで形を作ってもらいます。ちぎった粘土をそのまま並べるも良し、偶然できた形からイメージを発展させて何か具体物を作るのも良いでしょう。セラピストはあまり評価的なことは口にせず、「おもしろいですね」などの素朴な共感とともに見守るようにします。もちろん、制作とともにクライエントが自分の作品について話

すなら、粘土作品を間に会話が成立し、クライエントの考えや情報を知る手がかりが得られるでしょう。自由な作品づくりの場合、表現の中にクライエントの様々な心の在処を読み取ることが可能です。すなわち作品の象徴的解釈は描画と同様です。攻撃性を持っている場合、ピストルなどの武器が出現することはとてもわかりやすい例でしょうし、人物、特に家族を1体ずつ作る場合もその大きさやしぐさ、欠損された部位、配置などから多くの情報を得ることができるでしょう。しかし、早急な精神分析的な解釈ばかりにとらわれるより、制作過程で獲得する解放感、触覚刺激、カタルシス、汚すことのできる場の提供、集中、自発性、有能感などこそを保障してあげたいものです。(図8-3)

図8-3

3) 課題制作
① 球体を作る

通常、課題を与えなくても子どもは粘土制作において丸(球体)を作ります。「おだんご」をこねる作業に代表されるように、丸みのある形を作ることは心地よさをもたらします。日本語の中に「たなごころ(掌)」という言い方があるように、手の中で素材を慈しむように、自分の思い通りに丸めていく作業は、緊張を解き、心身に調和的に働きかけます。多くの場合、球体を作る作業に対して「リラックスする」「気持ちがいい」などの感想が出るのはそのためです。理屈でなく「快」を求める子どもの本性が自然な丸(球体)制作なのもそのためです。クライエントの様々な緊張、こわばり、不安感、心身の不調に球体制作は効果的です。(図8-4)

図8-4

② 幾何形体を作る

幾何学の性質はプラトンのイデア（形相）論の中に見ることができます。すなわち永遠普遍の形相を持つ理想の世界がそれです。理想的で無駄のない形態は１つの美を生み出し、それを目にする者に曇りのない思考、秩序感をもたらします。粘土の場合、正三角錐の制作などが適しているでしょう。正三角形と正三角形が交わってできる直線もすっきりきれいな線が出るよう、少しこだわってみましょう。粘土板の上で反転させ、どの面から見てもきれいな幾何形体が現れるように作ります。もちろん完璧なものはできませんし、どこかにゆがみが残るのは仕方ありません。それはちょうど私たち人間が神でないのと同様です。

図 8-5

クライエントを追い込むことなく、しかし理想の形態へと近づける努力を促すことは、クライエントの内部に静けさと明快さを生む元になります。感情が思考に取って代わるほどの混乱や混沌に対して、幾何形体づくりは現実的で論理的思考をもたらします。開かれた意識、地に足の着いた考え方が得られるのです。（図 8-5）

③ 動物のしぐさ、やわらかな「ひだ」を作る

私たち人間は生成し、絶えず変化する有機体です。動きのあるもの、流れるように変化する形態を作ることは、体内で流れるもの、つまり消化機能や循環機能に働きかけます。そして私たちが健康に生きる上での基本的な生命力の維持に貢献します。猫や犬が丸くなったり、ゆったりと寝そべっている姿や鳥の羽、カーテンや洋服のひだを作ってみましょう。決

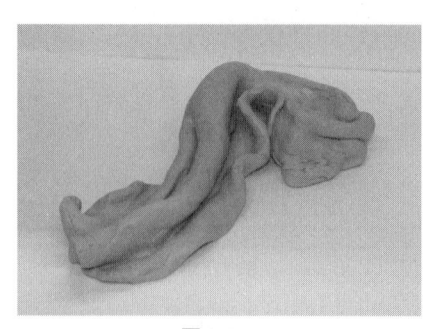

図 8-6

してプロの彫塑家がするような仕事をクライエントに要求してはいけません。やわらかさ、滑らかさを制作の中で味わうことが目的なのです。そのような中でクライエントは自身の能動性、ポジティブな思いを培うのです。(図8-6)

④ 皿、椀を作る

皿や椀は何かを入れるものです。人間の中にも外部の何かを受け入れようとする心の動きがあります。現代は社会的には男女共同参画が求められ、ジェンダーの考え方は広く浸透しています。しかし、生得的な性の中では女性性がこの「受け入れる」性質の元になっているのではないでしょうか。鉢状の形態を作る作業はクライエントの女性性に働きかけ、心の豊かさ、安定をもたらします。制作に際しては何を入れる器を作ろうかなどとセラピストと話しながら、思い思いの入れ物を作ることができます。工夫次第で籠のようにひも状の粘土を交差させたり、取っ手をつけたりして楽しむこともできるでしょう。そのような作業過程でクライエントは落ち着きと集中を体験します。入院患者や施設入所者のように長期にわたって取り組めるプログラムが用意可能であれば、紙粘土で制作し、色とニスを塗って仕上げたり、素焼きや陶芸として取り組むなど幅広く活用させることができる題材です。(図8-7)

図8-7

第9章

相互関係の中で扱われる技法

1. スクィグルの実践

(1) 遊びとしてのスクィグル

　初期的導入法としての描画については、第6章で「なぐり描き」を紹介しました。ここで紹介する「スクィグル」もクライエント（特に子ども）とコミュニケーションをとるための初期的なプレイセラピーの一種です。通常スクィグル・ゲームなどと呼ばれるのも、もともとイギリスに伝わる子どもたちの遊びをウィニコット（D・W・Winnicott、小児科医、精神分析家、イギリス）が1971年に子どもの治療場面に使用、考案したことがこの技法の始まりだからです。本章をまとめるための参考文献にした『子どものスクィグル』の著者白井佳代子はいみじくも「子どもにかかわる誰もがスクィグル・ゲームを試みることができる」[1]と書いていますが、福祉や教育の現場で、または、私自身が子どものころ似たような描画遊びをしたように、日常生活の中で誰もが芸術を用いた治療的なかかわりが可能であることを知ってもらいたいと思います。楽しい形発見の遊び自体すでに治療的な喜びをもたらしますが、自由で単純な線やマークは子ども（クライエント）の内的イメージの力に働きかけ、やがてそこに象徴された内なる物語は自らを語り始めることでしょう。
　他の様々な治療法にも言えることですが、絵画療法、芸術療法といって構える必要はありません。読者が子どもの身近な生活場面にかかわるケアワーカーであれば、なおさら子どもの治療において一歩進んだ位置にいるのです。なぜなら子どもに限らず私たちにとって遊びとはより日常的な行為であり、よく見

知った近しい人とする方が楽しいに決まっているからです。心理面接や医師の治療場面でこれらが利用されるのは、子ども（クライエント）の日常生活とは切り離された治療室、面接室などでの緊張を解く必要に迫られている場合があるからです。病院に行く、面接を受ける、という非日常的行為に向かう心の動き自体が治療に役立つ場合ももちろんありますが、逆に心を閉ざしている状態を治療の出発点とするハンデを専門家はよく知っているのです。

(2) 実践に必要な用具と解説

　スクィグルに必要な材料はそう多くありません。まず12〜16色のクレヨンが1セットと、コピー用紙などの白い紙があればよいでしょう。紙は画用紙でも良いのですが、特別な作品作りを意識させたり、少し大きな子どもは落書きにわざわざ画用紙を使うのがもったいないと感じる場合もあります。この場合筆圧に配慮することもありません。以上の理由から紙は高価で厚口なものは必要ありませんし、どこにでもある紙の方がお互い抵抗なく遊べます。電話をかけながらメモ用紙に抽象的な線を描き、長電話の末に気が付いたら何やら様々線を付け足して、描画をメモ用紙一面に広げていたという経験は、誰もが多かれ少なかれ持っているものです。そんな何気なさがあれば、クライエントにとって肩の力が抜けた遊びの効果が期待できます。またクレヨン、色鉛筆などの描画材料ですが、セラピストとクライエントが相手の描いた線に交互に付け足して絵にしていくためには、お互いが違う色を使う必要があります。その方がゲームとして面白いし、後で見返したときに治療や分析の役にも立つからです。何度か体験してこのゲームが面白いと感じると、子どもなどは自分からスクィグルをしたがったり、自分の色ばかりかセラピストの使う色も選んでくれたりします。それ以外に必要なものは、子ども（クライエント）とセラピストができれば横並びか直角に座れる机といすがあれば十分です。後述しますが、一定のルールを理解すれば（それもごく簡単なものです）、絵の具などと違って水をこぼしたり、あたりかまわず落書きが始まることはまずないでしょう。

(3) スクィグルの方法と解説

「これから面白いお絵かきゲームをしない？」などと誘い、子ども（クライエント）が興味を持ってやってみようという積極性が見られたらゲームの説明をします。教示は次のようなものです。

「いまから私が目を閉じて紙の上に線を描くよ。次にあなたがその線をもとに絵を描いてください。1回目が終わったら2回目はあなたが目を閉じて自由な線を描いてみてね。私がそれに付け足して絵を描いてみるよ」

お互いのやり取りや相手の線に対してどんなイメージが湧くかといったことは、できれば迅速、直感的である方が好ましく、考えすぎて凝ったものになる必要はありません。この場合も絵の完成度などはどうでもよく、むしろ絵の素養があったり、描画が好きだったりするセラピストは注意が必要です。なぜならサービス精神から、もしくはそれこそ無意識に、必要以上に「うまい絵」を描いてしまいがちだからです。「うまい」絵は子どもやクライエントからの賞賛を招きはしますが、その人と一緒に絵を描くことに引け目や劣等感を抱かせる場合もあります。そもそもスポーツや囲碁・将棋などでも、およそゲームと言われるものは、初めから教えを請う場合を除くなら、同じくらいの力量同士が一番面白いし楽しいものです。児童に関わる保育士や児童指導員などのケアワーカーは、そのことをよく知っていますので、たとえ自分の得意分野のゲームでも、子どもが生き生きと活動することを常に第一義的に考え、時に勝ったり負けたりしながら上手に関わるのです。スクィグルの実践家の中には、バレーボール用語にあるような、最初に意味が曖昧な線を引く人を「サーバー」、それを受けて意味ある形に完成させる人を「レシーバー」と呼ぶ者もいます。いずれにせよ、スクィグルはコミュニケーション・ツールの1つです。絵ができたらそれについてお互いの感想や、さらなる情報を交換することも可能でしょう。「それは何？」「どんなことが起きているの？」「それからどうなっていくのかな？」など、聞いていくことで子ども（クライエント）の情報が少しずつ明らかになりますし、その意味ではスクィグルが自分の問題点を言語化していく媒体になり得るということです。また、子ども（クライエント）からセラピストの描いた絵に同様の質問が投げられる場合も出てくるでしょ

う。つまり実際には子ども（クライエント）の無意識が投影されたり、逆にセラピストの抱えている問題が知らず知らずのうちに描き出される場合もあるのです。いずれにせよ、スクィグルは優れて治療的な側面を持ち、子ども（クライエント）理解の手段として有効だということが言えるでしょう。（図9-1）

図 9-1

2. 色彩分割の実践

(1) 交互色彩分割法の手順と解説

　スクィグルとともに相互法としてよく知られているのが色彩分割です。中井久夫が枠付け法とともに画面分割を考案したことを受け、中里均はさらに分割された画面をクレヨンで塗ってもらう技法を開発し、画面分割も色面彩色もクライエントとセラピストが交互に行うよう改良して「交互色彩分割法」の創案へと至りました。この技法は描画をピンポンのように互いにやり取りする中で治療を進めていくという方法で、統合失調症治療などにも役立っています。なお本書では、この交互色彩分割法の記述に際しては、その多くを金盛浦子の著作[2]に負いました。

(2) 色彩分割に必要な道具と環境

　色数が揃えば描画材料はクレヨン、色鉛筆、サインペンなどが使用可能ですが、色面を塗る作業の手間と筆圧の分析などを考えると、クレヨンが最も適していると思われます。クレヨンはメーカーによって油成分の分量に差があり、つるつると画用紙の上を滑ってうまく定着しないものもあります。事前にさまざまな種類を試してみることを薦めます。色数は2人がそれぞれ3色を選択するので、6色あればできるのですが、選択の幅を考えると16色セットくらい

が適当でしょう。もちろん12～24色セットでもかまいません。画用紙は市販の八つ切りがよいでしょう。慣れてくるとまたやりたい、もう1枚……と二人の気持ちが乗ってくることもありますので、複数枚用意しておきます。テーブルでの2人の位置は横に並ぶか、角を挟んで斜め同士に座るのがよいでしょう。スクィグルでも指摘しましたが、正面に座ることは対決姿勢に通じ、面接試験などを連想させて緊張感を強いることがあるからです。まして絵画療法の相互法の場合、お互いの非言語的コミュニケーションがスムーズに行われるための和やかな雰囲気作りが必要だからです。後は療法室の状態によって、汚せないテーブルであれば画用紙の下に新聞紙を敷くなど、その場に応じた工夫が必要でしょう。

1) 画用紙の準備と色選び

並んで座った二人の前に1枚の画用紙を置き、四隅と各四辺の中央に黒いクレヨンで点を付けます（これで画用紙の周囲に8つの点が付いたことになります）。次に1つのクレヨンセットの中から好きな色のクレヨンを1本ずつ交互に選び、計3本ずつ自分の前に置きます。繰り返しますが、どちらからでもよいですが必ず1色ずつ交互に選びましょう。選ぶ基準はまったく自由です。そのときの気分で直感的に決めていきましょう。特にセラピストはクライエントがその色なら自分は違う系統の色のほうがよいだろう、などとあまり頭で考えすぎないようにしましょう。クライエントが選んだ色についても、色の持つ意味を深く考えたりせず、これから始める線引きや色塗りのゲームを楽しむようにお互いの心を向けていきましょう。お互い3色ずつ選び終えたら、クレヨンの箱はふたをして脇に片付けます。

2) 互いに1色を選び、3本の線を引く

まずはセラピストからです。自分の選んだクレヨンの中から1色を選び、画用紙の周囲の8つの点から自由に点と点を結ぶように3本の直線を引きます。このときに気を付けるのは、同じ辺にある点どうしは結ばないようルールを決めてクライエントにも伝えましょう。また、線を引いてできた交点も1つの点と考えて線を引いて構いません。セラピストが終わったら、同様にクライエントに自分の選んだクレヨンから1色を選んで3本の線を引いてもらいます。子

どもや高齢者、障害者などによっては、同じ辺どうしの点は結ばないこと、交点を1つの点と見なすことなどが理解できない場合があるかもしれません。そのようなときにも、セラピストはやり直させたり、がっかりした様子を見せず、あくまでこのゲームの楽しさを保つようにします。

3) **互いに2色めを選び、3本の線を引く**

さて、お互いが1色で3本の線を引き終わったら、同様の方法で2色めを選んで3本の線、3色めを選んで3本の線を交互にそれぞれ引いていきます。交点も増えて長い線、短い線など様々な線が画面を分割していくことでしょう。わかりやすく書くと次のようになり、全部で18本の線が引かれることになります。

　　　　1色×3本×3色×2人＝18本

ルールは3本ずつの線を必ず交互に引くこと、3色のクレヨンを順番ですべて使うこと、結ぶ点を間違えないこと、などです。前述したように理解しづらいクライエントの場合、決してたしなめたり、イライラしたりせず忍耐を持って受け入れることです。また、直線と言ってもフリーハンドなので歪んだり曲がったりすることもあるでしょう。そのようなときにも極力受け入れ、難しい場合には、どの点とどの点を結びたいのか聞いて、手を添えて引いてあげることも必要です。

4) **分割された区分の色塗り**

次に第二段階として分割された区分を塗っていく作業になります。ここで使うのもそれぞれ最初に選んだ3色のクレヨンです。塗る際の順番やルールもありますが、なるべく指示的な干渉をしないこと、色塗りの上手、下手、はみ出しや塗り残しについても指摘せず、そのとき、そのクライエントができるままを受け入れていくことが肝要です。

① まずセラピストから自分の選んだ3色のクレヨンの中から1色を選びます。そして分割された全区画の中から、2区画を自由に選んでそのクレヨンで塗ります。

② 次にクライエントも同様に自分の選んだ3色のクレヨンの中から1色を選び、全区画の中から好きな区画を二つ選んで塗ります。もちろんこのと

き、先にセラピストが塗った2区画は選ぶことができません。
③　再びセラピストの番です。残る2色のクレヨンの中から好きな方を選び、やはり空いている区画の中から自由に2区画を選んでその中を塗ります。
④　クライエントも同様に、残る2色の自分のクレヨンから1色を選び、空いている区画の中から自由に2区画を選んで塗ります。
⑤　またセラピストの番です。残る1色で空いている2区画を塗りましょう。
⑥　クライエントの番です。同様に残る1色で空いている2区画を塗ってもらいます。
⑦　ここまでで1人3色のクレヨンで2区画ずつ、交互に合計12区画を塗ったことになります。さて最後にこれまでのようにセラピスト→クライエントの順番で交互に1色ずつ、1区画ずつを塗ります。各々3色で3区画を塗ることになるので全部で6区画増えました。すべてを合計すると18区画の色面ができていることになります。これで終了です。

5) 記録と言葉による振返り

　画用紙を裏返し、各自が座っている側に年月日、名前、自分が使った3色のクレヨンで3本の線を引いておきます。最後に今やった色塗りゲームについて話し合ってみます。否定的な言葉やルールが守れなかったことに対する反省を促すような言葉、技術的な向上を要求するような言葉かけは、クライエントにとってマイナスに作用します。セラピストが心がけるのは、肯定的な言葉、元気付ける言葉、クライエントの自信につながるような言葉かけ、楽しくてまたやりたいと思うような余韻を残して終了するのが望ましいところです。具体的には次のような言い方がよいでしょう。

　「1回目にしてはお互いうまくいったね」「あなたの選んだこの色はいい色ですね。私も使いたかったな」「直線の引き方が少しずつうまくなったね。ほら、この線なんかきれいに引けてるよ」「枠の中を塗るのって、結構難しいよね。でもお互いがんばったね」「楽しかったですか。またやりましょう。今度はきっと慣れているから今日よりもっときれいな作品が描けるかもしれませんよ」

(3) 交互色彩分割法の意味と作品の読取り

　ここまで治療場面におけるセラピストとクライエントの相互のやり取りを例に、交互色彩分割法の作業手順を述べてきました。しかし、この技法は2人1組であれば親子、兄弟姉妹、教師と生徒、ケアワーカーと入所児童や高齢者、子ども同士など、様々な組み合わせで行うこともできます。これは絵描き遊びでもあり、プレイセラピーやレクリエーション療法でもありますが、真の意味は「描くことによる対話」なのです。この体験の後に言葉による会話が成立したり、相手の隠された性質や感情、また自分の相手に対する思いやスタンスが確認できたりするのです。つまりお互いの関係が見えて、その修復や深まりが期待できるのです。もちろんできあがった「作品」からは相手（クライエント）の心や気質、性格、自分との関係などを読み取る（分析）ことができます。

　この技法の適応年齢は就学児童から高齢者まで可能です。就学前の幼児にはルールや決まりごとが難しいかもしれませんが、ゆっくり丁寧に教えたり、手を添えてあげるなどすれば適用可能です。もちろん、できないからとイライラしたり、叱る、他の子と比較することなどがあれば、逆効果でしょう。また同じペアで何度でも体験することもできます。色選びも線の引き方も、その時々の気持ちやお互いの影響で変化し一定ではありません。その時々で新鮮な発見があったり、お互いをより理解していく手助けとなるでしょう。

　次に作業過程やできあがった作品から読み取れることをまとめてみましょう。

1) ルールが理解できない

　理解の度合いをすぐに知的発達の程度に当てはめて考える必要はないでしょう。何かに心を奪われていて、人の話がさっぱり耳に入ってこないなどということはよくあることですし、心のあり様（荒れ様）で線の本数や塗り方がいい加減になることも考えられます。また2人の関係が、まだ1枚の画用紙に向き合うまでに至っていない場合もあるでしょう。いつもはできるはずなのに、極度の緊張で失敗する場合もあります。そう考えると、まずはセラピストがゆったりと心に余裕を持ってその場に臨むことが前提になります。そのようなことはセラピストである以上当たり前のことのように思うかもしれません

が、専門家がいつでもその当たり前のことができているとは限りません。身近な医師、看護師、心理療法家、教師、ソーシャルワーカー、ケアワーカーなどがせかせかしていたり、必要以上に厳格であったりして、クライエントが逆に気を使わねばならない人や場面は案外あるものです。心にゆとりがあれば、相手の失敗にも肯定的な言葉を掛けたり、訂正の間を急かさずに待つこともできるでしょう。

2) 線や色塗りが雑

作業全般にわたって雑な様子が伺える場合、どのような心の状態が考えられるでしょうか。まず気が乗らない場合があるでしょう。こんなお絵かきはやりたくない、あなたとはやりたくない、などのメッセージを雑な線や色塗りで表現しているわけです。また作業がある程度複雑で一定の時間がかかる場合、興味や丁寧さを持続できないという場合もあります。飽きっぽい、集中力がない、興味関心が1つのことに長続きしないなど、クライエントによって様々な病気や障害、気質の偏りがそのような形で表現されるのです。これらは多くの場合、日常生活でも同様の問題を抱えていますから、絵画療法のみに限らず、生活の様々な場面で意識的に1つのことに取り組むプログラムが必要でしょう。いずれにせよ、その場では最後までやりぬくことを強要せず、さりげなく作業を中止し、できたところまでを褒めて認めてあげましょう。

さて、他には必要以上の病的な緊張感から、かえって作業が雑になる場合もあります。間違えたくない、きれいに描かなければ……、といった心のこわばりが体の緊張、手の萎縮、早すぎる呼吸を生み出すのです。そのような場合、思い切って方法を変え、なぐり描きやフィンガーペイントなどで絵を描く作業に慣れていくのもよいでしょう。

3) 自分に近い部分にばかりに線を引く、小さい区画ばかりを塗る

これらはともに相手に対して遠慮していたり、萎縮している場合が考えられます。自分の存在をとても小さいものと捉えていたり、繊細で自分だけの世界を大事にしたいタイプかもしれません。他人と交わることが好きではなく、人の世界に近づかない代わりに自分の世界にも気軽に入り込んでほしくないと

思っている、どちらかと言うと静かで考えの深い人かもしれません。また何でも自分の責任においてきちんと処理したいので、人に頼ったり迷惑をかけたくないと思っている場合もあるでしょう。いずれにせよ肩の力を抜いてゆったりと人と触れ合うこと、頼りあうこと、その心地よさをどこかで味わわせたいものです。

4) 派手な色ばかりを使う、相手に近いところにばかり線や色が入り込む

派手な色という解釈は相対的なものです。明るい色、鮮やかな色を相手の選んだクレヨンに感じるなら、相手の方が自分より外交的で自己主張が強いという傾向を読み取ることができるでしょう。相手の線引きや色塗りが自分のテリトリーに盛んに入り込むように感じるなら、気持ちの上での遠慮が自分より相手の方が少ないことを意味してはいないでしょうか。または、とても親しくてお互いの領域に入り込みながら、それを楽しむ様子が展開される場合もあります。また、まったく逆に現実生活では抑圧されている関係が、描画の中で逆転する場合もあります。無意識にこのゲームの中でなら抑圧や支配から解放され、あるいは逆に支配しようとばかりに相手の側にやたらと入り込むのです。もちろん1回の色彩分割のゲームでこのような関係をすべて判断、断定することは早計に過ぎることではあります。

5) その他

挙げれば切りがありませんが、描線の強弱、色塗りの必要以上の丁寧さ、選んだ色彩の傾向など、様々な発見が作業過程で現れることでしょう。できれば冷静な分析とともに相手を受け入れようとする気持ちと相手の知らなかった良さを発見したいものです。そのような心の傾きが、絵による対話を深める際の本質的で大切な点です。

交互色彩分割法の描画は（図9-2）を参照してください。

図 9-2

第10章

コラージュの技法

1. コラージュの歴史的背景とその療法的意味

(1) キュビズム(立体主義)におけるコラージュ技法

　コラージュ(collage＝仏)はギリシャ語の［colle＝にかわ］を語源とする言葉であり、「糊付け」「貼り付け」の意味を持っています。また技法としてのコラージュが、もともとは現代美術の様々な美的思想や様式の中で用いられてきたものであることはよく知られています。中でもピカソ(Pablo Picasso、1881～1973)やブラック(Georges Braque、1882～1963)に代表されるキュビズムの画家たちによって生み出されたコラージュは大変有名です。ピカソは『アヴィニョンの娘たち』(1907)で伝統的なあらゆる絵画の法則を打ち破ったわけですが、その遠近感を無視し色彩の平面に置き換えた人物表現は、当初は彼の後援者や野心的な芸術家仲間でさえ理解しませんでした。もちろんピカソの絵画革命は一夜にしてできたわけではなく、セザンヌ(Paul Cezanne、1839～1906)の水浴

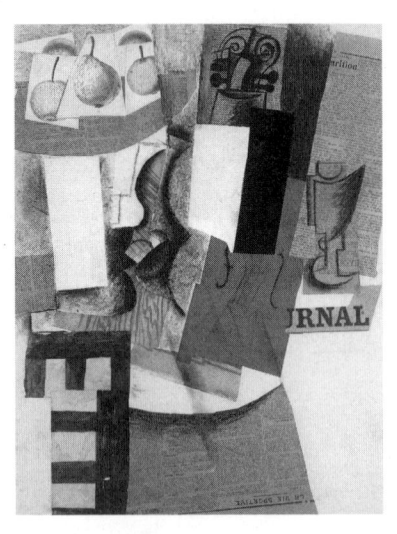

図10-1　パブロ・ピカソ「ヴァイオリンと果物」
(出典：乾由明ほか編『キュビスムと抽象美術』(世界美術大全集第28巻)小学館、1996)

図やアフリカの民族芸術など様々な影響の集大成なのです。ブラックもまた、セザンヌの幾何学的に再構成された風景画に魅了された画家の1人でした。そして空、家々、人物などを小さなキューブ（立体）に置き換えた彼らの絵によってキュビズム（立体主義）は命名されました。分析的キュビズムはやがて抽象的世界へと深められていきましたが、そのことは次に彼らがパピエ・コレの技法を導入するきっかけとなりました（図10-1）。パピエ・コレ（papier紙＋colle貼られた＝仏）とは、キャンバスに紙や壁紙などを貼り付けることによって絵画の中に現実感を創り出す、一種の「だまし絵」の技法です。またこれに先立ってピカソやブラックは、好きな女性の頭文字や愛する気持ちを画面のどこかに言葉で描き込んだりしています。そのような経緯から、ピカソは「椅子の籐細工のある静物」（1912）（図10-2）で印刷された籐模様のリノリュームを画面に貼り付けるという、コラージュの手法に成功しました。これらは、文字を用いることで絵の直接的なテーマに隠すかたちで画家のメッセージを込めたり、写真なのか、絵なのか、はたまた本物なのか、といった正に幻想と現実、真実と嘘といったテーマについて作品を観る者に強烈な問題提起をしたのです。

図10-2　パブロ・ピカソ「籐編みの椅子のある静物」
（出典：乾由明ほか編『キュビスムと抽象美術』（世界美術大全集第28巻）小学館、1996）

(2) シュールレアリズム（超現実主義）におけるコラージュ技法

キュビズムとともに20世紀初頭に興った芸術運動にダダイスム（dadaisme＝仏）があります。それは客観的世界の秩序を否定し、夢の実現、すなわち無意識の世界を開放しようとする運動でした。ちょうど第一次世界大戦のさなかにあって、戦争という最も非人間的な愚行が現実否定と価値転換を若い芸術家たちにもたらし、既成概念の否定によって失われた人間性の真実を奪い返そうとする運動へと発展していったのです。デュシャン（Marcel Duchamp、1887～1968）は「網膜的」に見ること自体に限界を感じ、観念や思考などの目に見えない世界の表現を回復すべきであると主張しましたが、彼の既製品に署名するいわゆる「レディメイド（Ready Made ＝既製の物品を美術作品として意味づける実験アートの俗称）」のオブジェ（objet＝仏　対象、物体）（図10-3、10-4）は、既製品が日常的な効用と役割を剥奪され、そもそもの意味を喪失したりまったく別の意味が付与されたり、またはそれら既製品の非日常的な組み合わせや連結が、見る者の無意識や欲望を照らし出すものさえありました。ダダイスムはやがてシュールレアリスム（surrealisme＝仏　超現実主義）運動へと発展していきますが、それはフロイトの理論的背景

図10-3　マルセル・デュシャン「自転車の車輪」
（出典：Janis Mink著『DUCHAMP』TASCHEN JAPAN 2001）

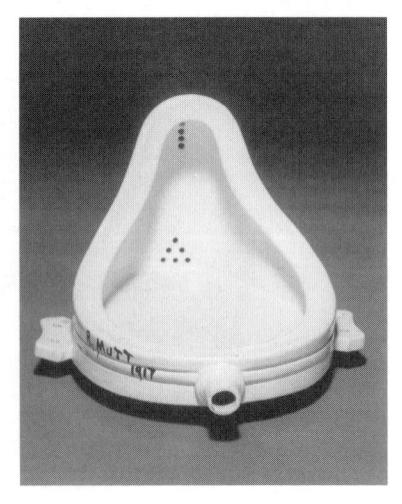

図10-4　マルセル・デュシャン「泉」
（出典：Janis Mink著『DUCHAMP』TASCHEN JAPAN 2001））

第10章 コラージュの技法　121

を持ち、一切の先入観を排して意識の内部や意識下に存在し、日常生活の表面には現れない潜在的な欲望や夢、幻想、または常識や理性によって隠蔽(いんぺい)されている人間の非合理な実体を暴きだそうとするものでした。ダダからシュールレアリスムへと続く一連の芸術運動の中で、前述したように日常品を作品に取り込んでまったく別の意味を持たせようとしたり、新聞や雑誌から写真を切り抜き、それらをかつて持っていた文脈から切り離して再構成する「フォトモンタージュ」というコラージュ的な様々な手法が生み出されました。つまりシュールレアリスム的コラージュとは日常的な次元では何の関係もない事物が出会い再構成されることによって、唐突で非日常的な雰囲気が生み出され、それをもって潜在意識の暗闇を照らし出そうとするデペイズマン（Depaysement＝仏　配置転換）の技法であると言うことができるでしょう。

またシュールレアリストたちはコラージュ以外にも、こすったり転写して物体の表面の肌合いを写し取るフロッタージュ（frottage＝仏）やデカルコマニー（decalcomanie＝仏）など、さまざまな技法を積極的に活用したことでも知られています。その代表的な画家であるエルンスト（Max Ernst、1891〜1976）は「ロプロプは……を指し示す」というシリーズで、様々な写真による構成を試みています（図10-5）。またこのようなコラージュは、以後のポップ・アートの中ではごくポピュラーな手法として取り入れられ、ウェッセルマン（Tom　Wesselmann、1931〜2004）らの立体的なアッサンブラージュ（assemblage＝仏　寄せ集め）へと発展していきます（図10-6）。

図10-5　マックス・エルンスト「シュルレアリストのメンバーを紹介するロプロプ」
（出典：若桑みどり編著『エルンスト』（25人の画家現代世界美術全集23巻）講談社、1981）

図 10-6　トム・ウェッセルマン「バスタブ・コラージュ#2」
（出典：乾由明ほか編『ダダとシュルレアリスム』（世界美術大全集第27巻）小学館、1996）

2. コラージュ療法の実践

(1) コラージュの治療的意味

　コラージュの心理療法への最初の取組みは、1970年代のアメリカにおいて作業療法の1つとして精神病者などを対象に集団絵画療法の中で扱われ、後に個人療法の中に採用されてきたようです。日本においては1987年頃に森谷寛之らが「持ち運べる箱庭」のコンセプトで臨床に応用し、現在は様々な実践家や研究者の間に広がっています。箱庭療法とは砂を入れた木箱の中にミニチュア玩具などを配置し、心に浮かぶもの、御伽噺の世界、感情の流れなどの心象風景を自由に表現することによって行う心理療法の一技法です。既製品を使用するという意味では箱庭とコラージュには共通点があり、持ち運び、準備の手軽さなどではコラージュの方が箱庭にない利点を持っているとも言えるでしょう。クライエントは「切抜き」という既成のイメージをそのまま用いて自己表現をすることができ、描画による技術的な課題からも開放されます。また、描画療法同様、作品制作の過程自体に自己治療的要素を含んでいます。内向的であったり、にぎやかだったり、怒りを爆発させているなど、結果として表出された自分の内面を客観的に自覚することもできるでしょうし、表現したことで、ある気分の発散やカタルシスを味わうこともできます。一般にコラージュ

表現は精神病圏の急性期にあるクライエントを除けば、病気や障害の水準、年齢や性別を問わず適応範囲が広く、極めて安全性の高い技法として知られています。しかし筆者が学生との演習で行った経験では、コラージュに没頭する中で、もともとは自ら選び取ったにもかかわらず写真に嫌悪感を覚えたり、様々な色彩や模様の切り貼りによって気分が悪くなってしまう事例が生じたことがあります。前節で紹介したエルンストはコラージュ技法の発見に際し、人類学、微生物学、心理学、鉱物学、古生物学などの実験教材カタログを見ていて、あまりに多種多様なイメージが入り乱れて幻覚が生じたと述べています。[1] そう考えると例え安全性の高い技法であっても、いやならばやらなくても良いこと、切抜きの取捨選択はクライエントの自由に任せること、気が進まない場合、途中であってもやめたり、回避できる雰囲気を作っておくことが大切です。また集団による演習の場合などでは、適度に休憩を取ったりして深く入り込まないような工夫が必要です。

(2) コラージュ・アクティビティー

コラージュ技法は作業療法的な意味合いを持つ「緩やかな治療」として、様々なクライエントの芸術活動の中に取り入れることもできます。筆者が関わった知的・身体的に障害を抱えている女児児童（14歳）に行ったコラージュ活動（collage activity）を例に、多様な取組みの一端を紹介します。自由に手が使えないこと、視力障害があることなどを考慮し、1枚1枚近づけて本人に切り抜きの好みや選択の有無を確認したり、ケアワーカーが手を添えて糊付けや貼り付けを手伝ったりしながら制作を進めました。気に入った写真があると笑って大きく頷いたり、ワーカーが他の児童に気を取られて援助がおろそかになると、自分から必死に手を伸ばして切抜きや糊を取ろうとするなど、そこでは制作過程における身体機能上のリハビリや制作への集中と楽しみ、励ましや共感に対する喜びなどがクライエントに総合的に働きかけます。また、できあがった作品に対する周囲の賞賛やクライエント理解は、本人の有能感と自信につながっていきます。実際の場面では、その児童は1時間余りの間に八つ切り3枚の画用紙にコラージュ作品を作ったのですが、3枚ともに子どもがお互いに向

き合って話をしている写真の切抜きを多数選んで貼っていました。自由に話すことのできない対象児童が、どれほど友達がほしい、話がしたい、という内的な思いを秘めていることかと、周囲の大人たちは後の作品鑑賞であらためて感じ、対象児童に対する理解と共感を深めたのです。コラージュ技法を例にして述べましたが、このように芸術療法は、様々なアプローチと治療的な意味をそこに見いだすことができるのです。

(3) コラージュ療法の特徴

以下、コラージュ療法の特徴について先行文献を参考にまとめてみます。

- 言語表現より具象的である。
- 象徴的表現が現れる場合がある。
- 多義的で、解釈は一様ではない。
- 台紙、はさみ、糊、雑誌などがあればどこでも取り組むことができる。
- クライエントが雑誌などを用意する場合は、よりその人の内面世界が表出されやすい。
- 描画に抵抗がある人でも取り組みやすい。
- 技術的には単純な作業なので、必要に応じた援助があれば幼児から高齢者、障害の有無を問わず取り組むことができる。
- 知的作業、美的作品の制作としても捉え得るので、成人男性や美意識の高い人でも抵抗が少ない。
- 表現によってクライエントの様々な状態を把握できる。
- 相互法や初期的導入法として用いることで、互いの信頼関係やコミュニケーションのきっかけ、改善に役立つ。
- 適用範囲が広い。
- 絵の具使用の描画などと違って作品整理がしやすく、継続的に見ていくことで、クライエントの心理的変容などが把握できる。
- リハビリテーション、レクリエーション療法、精神力動など、様々なアプローチによる多様な治療側面を持っている。

最後に、できあがったコラージュ作品についてはクライエントの目の前での分析的な言動は控え、その日の制作を治療的な受容と共感を持って締めくくることが必要です。

(4) コラージュ療法に必要な用具と環境

　台紙は画用紙などの厚手のものが文字通りの土台として適しています。大きさは八つ切、四つ切などクライエントの扱いやすい方を選んでもらうとよいでしょう。切り抜いた写真に大きいものがある場合、八つ切ではいかにも表現空間が狭かったり、逆にわずかな切抜きで四つ切が大きすぎると感じる人もいるでしょう。また、白い画用紙に抵抗を示す場合もあるので、色画用紙を何色か用意しておく実践者もいるようです。

　台紙に貼るための写真は、後述しますがセラピストがあらかじめ切り抜いて用意しておく場合（コラージュボックス）と、身近な雑誌などをクライエントに持ってきてもらってはさみで切り抜いてもらう方法（マガジン・ピクチャー・コラージュ）の2種類があります。はさみはセラピストがあらかじめ用意しておくとよいでしょう。

　はさみやカッターは凶器にもなり得ますし、先の鋭いはさみに恐怖を感じたり独特の興味を示したりする人もいますので、先が丸くて子どもにも使えるようなものが適当でしょう。糊は作業効率と目的に照らして、スティックタイプのアラビア糊が良いでしょう。手指を使って伸ばしていくタイプの糊は工作的な要素が強く、手や画面を汚してしまうので、コラージュ技法には不適当です。他には切りくずが出るので、ゴミ箱やビニールのゴミ袋があると作業や片付けに便利です。また筆記用具を用意しておき、作品の裏に氏名や年月日などの記録が書けるようにしておきます。クレヨンやサインペンなどで、作ったコラージュに積極的に文字や絵を入れさせたり、作品の題名やその時の感情を文字で書かせるセラピストもいます。

　全体の治療環境はこれまで述べてきたことと同様ですが、気持ちよく取り組めるような、ゆったりとした空間と静けさが必要です。また作業を見つめられることはクライエントに無用な緊張を強いることがあるので、できるだけさり

げない見守りと自由さ、時には別のテーブルで同時制作をする柔軟性もあってよいでしょう。

(5) コラージュ療法の方法と手順
1) 導入（教示）～コラージュボックス方式

導入に際しては、まず「コラージュを作ってみますか？」という基本的にやるかやらないかの意思確認が必要です。その上で「この箱の中にいろいろな切抜きがありますが、これらの中からあなたが心惹かれたもの、何か心に引っかかるものを選び出して何枚か集め、台紙の上で構成してください。そして自分の思うような並べ方ができたら糊付けしてください」と教示します。これはごく一般的な言い方なので、対象者にとって伝えやすい教示をセラピストの性格や気質と合わせて考える必要があります。子どもの場合、「台紙の上で構成する」などという言い方はわかりづらいので、「何でも好きなものをこの中から選んで画用紙に貼っていってごらん」などと言うことも可能です。

2) 制作中

クライエントがコラージュを作っている間、セラピストはそばで邪魔にならないよう見守ります。児童やクライエントによっては時に写真を切り抜いたり、貼るのを手伝ったりすることもあります。また、クライエントが何もしないで観察しているセラピストを気にしたり、間が持たないようであれば、並行してコラージュを同時制作する方法もあります。いずれにせよクライエントが安心して制作できるためには、セラピスト自身がゆったりとくつろいでいる必要があるでしょう。時間はクライエント次第ですが、通常30分から1時間程度と考えればよいでしょう。またどうしても時間的制約がある場合は、あらかじめ終了時間を伝えておき、時間ぎりぎりまでさせずに余裕を持って終わるよう声をかけていきます。突然「はい時間です。今日はここで終わりにしましょう」などという言い方は、クライエントに失望と不信感を残します。

3) 制作後の話合い

できあがった作品については、裏に制作年月日、氏名を書いてもらいます。

そしてまず両者で作品を鑑賞しましょう。作品について簡単な説明をしてもらうこともよいでしょうし、「もしこの作品に題名をつけるとすれば、何ですか？」という問いかけも案外、クライエントの内面を総合的にあらわす言葉が象徴される場合があって興味深いものです。雄弁なクライエントで話が弾む場合、さらに突っ込んで「この中で自分に相当するイメージはどれですか？」などと質問すると、さらにクライエントの問題解決のヒントが答えとして返ってきたり、作品の意図を理解する手がかりになる場合があります。しかし、自作のコラージュについてあまり語りたがらないクライエントもいるので、そのようなときは無理に何かを聞き出そうとせず、2人黙って作品を眺めるのもよいでしょう。クライエントが聞きたがっても、その場で分析的な作品解釈はしないほうがよいでしょう。そもそも芸術療法は占いや人生相談なのではなく、芸術による自己治癒力への働きかけをその本質とするものだからです。実際、「良いものができましたね」「この写真はいいですね」などと受容と共感に根ざした温かな感想を述べて終了することが多いものです。

(6) コラージュ作品の見方と解釈

前述した通り、作品の分析的解釈はクライエントの前で不用意に口にすることではありません。また1枚のコラージュで口に出せるほどの明確な解釈を下すことはセラピストの思い上がりです。経験を重ねたセラピストほど慎重で様々な思いを記録にとどめ、そのクライエントを取り巻く様々な要因との関係、人々との情報の共有やカンファレンスを大事にするものです。ここではその前提に立って、なお作品をどう見るかについて考えます。

1) 系列的理解

1枚の作品で何かを即断することのないよう、できれば継続して作品制作をしてもらい、作品の変化や関連性、傾向から心理的な変容を理解するのがよいでしょう。それはセラピストの独りよがりや誤った判断をできるだけ避けるためです。その場合の作品は当然、コラージュばかりではないかもしれません。しかしそのクライエントを取り巻く全体感は、他の技法による作品やその時々の言動から何がしか読み取れるものです。

2) 統合性

　クライエントのコラージュ作品に限らず芸術作品を見るとき、私たちはまずその全体から印象を受け取ります。派手な感じ、さびしい感じ、動的か静的か、色彩が暖色系でまとまっている暖かい感じの絵と寒色系を多用している冷たい（または涼しげな）感じの絵では、受ける印象がずいぶん違います。コラージュの場合、1枚1枚の写真はまったく無関係のものでも、組み合わせによって様々な印象をかもし出します。切抜き選びはその写真の内容にとどまらず、色彩の無意識な選択も可能にします。また画面が分割されているように感じる作品、空白（切抜きを貼っていない部分）の有無と大きさ、細部にこだわらない粗雑さやバランスの善し悪しなど、第一印象で全体から伝わってくる作品世界の印象は案外多くのことを語りかけてくるものです。

3) 主題（テーマ）

　作品を貫いているテーマや自己像が認められると、クライエント理解に大いに役立ちますが、特に複数枚を貫いて存在する嗜好性や自己像、その変容なども見るべきものがあります。また言葉による主題の表出の場合、もっとストレートに旅立ちや葛藤、求愛、戦い、死と再生など有意味な象徴言語が聞かれることもあります。

4) 切り方・貼り方

　切り方はクライエントの手先の器用さ、発達段階、障害の有無などで当然一律ではありません。また持っている性格や気質によって丁寧さや粗雑さも変わってくるでしょうし、その時々の気分やセラピストとの信頼関係などによっても違いが出てきます。クライエントがなぜ、そのような切り方をするのかを以上のような多くの視点の中から読み取っていくことが必要になります。さらに人物のどこかの部位を切りはずしたり、切り抜いた輪郭の外側をあえて使用するなど、切り方に何かの意味を無意識に象徴させることもあるかもしれません。貼り方も一人ひとりのパーソナリティーによって一様ではありません。何枚も重ね貼りする場合や糊付けも隅々まで丁寧にする人と、ごく大雑把で常に端がめくれているような貼り方の人など様々です。ここでも安易な断定は禁物ですが、切り方、貼り方からクライエントのその時々の状態などを知る手がか

りにはなるでしょう。

(7) コラージュの様々な方式
1) マガジン・ピクチャー・コラージュ方式
　クライエント自身が自分の身近にある新聞や雑誌、パンフレット、チラシ、カレンダーなどの材料を用意して、その中から自分が好きだったり、気になる部分を切り抜く方法で、あらかじめ伝えておいて2〜3冊用意してきてもらうとよいでしょう。
　この方法の良い点は集団絵画療法として取り組む場合、切抜きが不足したり気に入ったものが見つからずにモチベーションを下げてしまう恐れが少ないことです。また、持ち込みの材料はクライエントの身近な趣味や好みの分野のものなので、抵抗なくスムーズにコラージュの作業に入っていけます。逆に悪い点としては、切抜きの内容がクライエント任せになるので、どんなものが飛び出すかわからないという不安があります。今日ではインターネットを通してたいていの映像や写真は手に入ります。戦時下のイラクに入国してテロリストに殺害された日本人のその瞬間の映像が、実はネットを通じて配信されていたという話もあります。私たちはたいていのものは世界中どこにいても見ることができる時代を生きているのです。虐殺場面に限らず、ポルノグラフィーなども含めてどのような種類の写真を持ち込むかは、この方式の場合クライエントの自由に任されていることをセラピストはあらかじめ覚悟しておく必要があります。
　またこの方式のもう1つの欠点は、雑誌などを見ながらその場で切り抜いていくので、どうしても制作に時間がかかるという点です。

2) コラージュ・ボックス方式
　あらかじめセラピストが絵や写真、文字などを材料として切り抜いて、箱に中にばらばらに入れておくやり方です。森谷の言う「持ち運べる箱庭」と言うコラージュ療法のコンセプトは、この方式が一番その特徴を示していると言えるでしょう。手ごろな箱に入れてはさみや糊とともに持ち運べば、簡単には外に出られない入院患者や不登校児童、障害児（者）などへの応用がずっと楽に

なります。クライエントはボックスの中から自分の気に入った切抜きを選び出して、画用紙に貼ることができます。

　この方式の良い点はセラピストが切抜きを揃えるので、過度にグロテスクなものやエロティックなものなど、危険度の高いものをあらかじめ排除しておくことができる点です。また自然、植物、人物、動物、建物、室内、食物、乗り物など、様々な分野のものをバランス良くそろえることができたり、クライエントの病気や状態、年齢や性別などに応じて内容物を調整できるのも良い点です。いずれにせよセラピストの保護的な色合いがそこには働くことになります。さらに良い点を挙げれば、制作時間が短縮できたり、クライエントによっては切り抜くという難しい作業を省くことができる点です。

　もちろんこの方式には難点もあります。その第1は切抜きを集めることが大変な点です。特にセラピストが複数のクライエントを抱えると、膨大な数の切抜きが必要になり、日常生活の中で常に意識して療法に使えそうな切抜きを集めておかなければなりません。切抜きの量が多いことは相対的にクライエントの気に入る（または気になる）ものが多くなることを意味します。その意味では箱庭療法においてミニチュア玩具の種類が豊富であることと同様ですが、コラージュの場合、毎回使用するだけ切抜きの量が減っていってしまうので、常に補充していないと数の上でも内容の上でも不足してしまうことになります。事前に切り抜いておくという作業が案外、手間のかかる大変な作業であることを実感するでしょう。

　また集団療法に向かないことや良くも悪くも切り抜くセラピストの好みが反映されたり、セラピストの想像力を超えたイメージを用意できないという点があることも付け加えておきます。

3）　相互法（同時制作法）

　クライエントが制作しているとき、セラピストはそばで見守っていることが多いですが、見られていることを気にしたり、「なぜ何もしないでそこにいるの？」などと素朴な疑問を口にする児童もいます。そのような場合、セラピストも同じ作業をすることで安心感を持つ場合があります。制作過程の中でセラピストは無意識にクライエントに寄り添い、治療メッセージを送る場合もあ

り、作業が終了した後、互いのコラージュを見せ合って感想を述べ合うなどの展開もできます。また家族が参加してコラージュを制作したり（家族コラージュ）、母と子でそれぞれ作品を制作する（母子相互法）方法もあります。これらの場合、相互作用としては相手のコラージュを見て自分の気持ちを言葉にできたり、相手に気づきを与えるなどの利点があります。特に母親は、子どものコラージュから様々な相手理解、自身への振り返りなどの内的変化をもたらす場合があります。

4) 合同制作法

親子とセラピスト、家族、クライエント同士など、グループで1枚のコラージュ作品を制作する方法です。制作過程において作品テーマについて話し合うなど、制作者間のコミュニケーションが図れることはもちろん、お互いの選ぶ切抜きを気にし合ったり、切抜き内容から互いの考え方や好みに気付くなどの力動的側面があります。誰が中心的に作業をしていくか、制作中のそれぞれのポジションや支持、介入、共感などを観察することもできます。またできあがった作品からは誰が何を貼ったか、どのくらいの空間を誰が占有したかなどから様々な情報を得ることができます。

5) 自宅制作法（宿題法）

家でならできる、または作ってきてみたい、あるいはクライエントがその場にいない場合、保護者などに頼んで家でクライエント本人に作ってもらう方法もあります。クライエントが見えないながら、その作品を通してクライエント理解に役立てたり今後の治療や関わり方の方針を検討することに役立てます。

6) 訪問コラージュ、ベッドサイド・コラージュ

入院していたり自宅ベッドから離れられないクライエントに対するもの、また不登校や引きこもりなどのクライエントに対して、セラピストが用具（コラージュ・ボックス）を携えて訪問する場合の方法です。病者などの場合、主治医などと連携して訪問日時や作業時間などについて話し合っておく必要があります。自宅を訪問する場合などは、本人が生活圏にいてリラックスできることや、コラージュ制作以外にもクライエントの生活の一端がわかって治療やクライエント理解に役立つ場合もあります。いずれにせよ実践に際しては、クラ

132　第2部　実践編

イエントにとって一番良いと思われる方法を、臨機応変に選択して実施していく必要があるでしょう。

7）裏コラージュ

クライエントが切り抜いた残りの部分（切抜きの外枠など）を作品の裏に貼り付けて、後に作品理解や解釈に役立てる方法があります（入江1993）。またコラージュ・ボックスから選び出したが、使わなかった切抜きを保存して治療や解釈の参考とする場合もあります（森谷）。

コラージュの参考作品は（図10-7、10-8）で示しています。

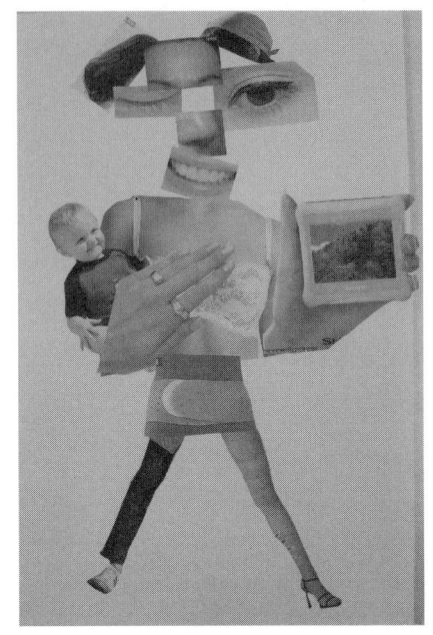

図 10-7

図 10-8

第11章

自然を取り入れた造形技法

1. 光との対話――透ける折り紙「トランスパレント」

(1) 幾何学的な理想形態

　形態の意味についてはすでに第4章において触れましたが、プラトンの提示した2つの世界観について今一度確認したいと思います。その1つは私たちが生きて生活しているこの日常世界です。自然も含め日常世界は絶え間ない変化と非永続性を持っています。もう1つは永久普遍的価値を持つ理想の世界で、プラトンがイデア（idea＝ギ　形相）と呼んだ世界でした。形相という訳語が示す通り、イデアは数学的な美に貫かれた幾何学（幾何形体）の概念として私たちは良く知っています。ではそのような理想の美の世界が、私たちのいるこの世界にまったく片鱗もないかと言えばそうではありません。例えば自然界の中でもその似姿を見ることはできます。私たちの科学は地球を含む惑星が「球」体で成り立っていることを明らかにしていますし、雪の結晶が美しい「正六角形」をしていることを知っています。巻貝は計算されつくした「黄金螺旋」で構成されていますし、桜の花は中心性を持った「五角形」に花弁を広げています。自然界にとどまらず、人類の歴史や宗教の中にも、例えば「円」という根源的な形態は、禅仏教の円相や密教の曼荼羅、キリスト教美術における光背などに象徴的に取り上げられてきました。私たちが自然の中の理想的な形態に触れて「神の成せる技」を感じ、様々な民族的な文様や印の中に数学的に完成された形態を用いるのは、私たち人間の内部に理想の世界（イデア）と呼応する普遍的真実在（真・善・美）が存在するからなのです。形態が人間精神や文化を

反映し、幾何学的な理想美が無意識層と深いかかわりを持つものであることを踏まえるなら、形態による治療的な試みが存在することもまた当然のことです。

(2) 光の作用

　植物の光合成の例を出すまでもなく、私たち生きとし生けるものにとって光は生命を生み出すもとであり、色彩や形態同様、外なる自然光と人間の内なる光は呼応しています。ニュートンの光学を批判的に展開することを自身の色彩論の出発点としたゲーテは、ニュートン同様プリズム実験を行っています。しかし、ゲーテが40年にわたって続けた光と色の実験は、白色光線を物理的に分解する機械論的な解釈ではなく、色という感覚的現象の徹底した観察を通して光の本質に迫ろうとするものでした。

　そこにはきわめて高度な洞察力が要求されるでしょう。例えば同じ現象を見つめながら、科学者は他人が見ないかもしれないものを見抜くことのできる、ある種の洞察力を持っています。ゲーテは科学的方法論とはそういうものであり、そのような洞察力が自己変革をもたらし得ると考えたのです。つまり光を見るためには内なる知性の光が必要なのであり、視覚器官を器官発達の形成の典型と見なし、光そのものが人間に働きかけてそれを形づくるとゲーテは理解したのです。

　その後、正統的物理学には入る余地のない色彩の感覚的・精神的作用についてゲーテの科学的探究を受け継いだのはルドルフ・シュタイナーでした。シュタイナーは光の本質を物理的であるとともに精神的科学としても理解されねばならないと考えましたが、もちろんこの考えは光についてその源を神的なものと見なす古来より提示されてきた思想とつながるものでしょう。

　光に限らず、内なるものと外なるものが調和するとき、人は世界全体とつながる安心感・安定感とともに内なる自己治癒の働きを目覚めさせるのです。これまで長い間、物質的なものと精神的なもの、感覚的なものとそれを超える霊的なものを関連付けることは異端的な考え方でした。いわば光には科学と宗教の両面からのアプローチが可能であり、ともに真実を語っていると理解されて

いました。つまりそこには２つの真理がまったく別個に相容れずに存在していたのです。しかしゲーテやシュタイナーにとって、１つの真実在である光というものを分断することは考えられないことでした。だからこそ彼らはできる限り科学的な方法論、思考方法を用いてたった１つの真理に迫ろうとしたのであり、シュタイナーは精神科学としてそれを世に問うたのです。光に話を戻すなら、精神科学は光の物理的・生理的作用を単に否定するものでもなく、またそれに組みするものでもありません。光がより深い精神的作用の中でそれを内面化する働きを有している、という真理を告げたいだけなのです。

(3) 用具・環境の準備

　さて実際に「透ける折り紙」の技法に入る前に、準備を整えてみましょう。まず必要なのはこの技法のために開発された専用の用紙です。後でも触れますが、この技法の正式名称は「トランスパレント（Transparente＝透明な　独）」というもので、専用の用紙はヨーロッパからの輸入になります（日本にいくつか取扱店があります）。自然光を通し、かつ折り紙ができる性質を持っている紙は国内ではあまりありません。筆者が使用したものではトレーシング・ペーパーが適していますが、一般には白色なので、白以外の色を楽しむことができません。紙の専門店ではカラー・トレーシング・ペーパーという光を通しやすい黄色、水色、草色、薄いピンクなどがありますが、少々紙質が硬く（厚く）折りにくい点が残念です。紙は黄金比に適ったA4またはB4の大きさがよいでしょう。

　紙を切る道具としてはペーパーナイフがあるとよいでしょう。昨今ペーパーナイフはあまり見かけなくなりましたが、カッターやはさみと違って切り口が鋭すぎず、柔らかな印象を与えますし、危険度が少ないのでこの技法に適しています。手に入らないときはカッターやはさみなどの中で様々な道具を試してみて、扱いやすく、危険が少なく、切り口のやさしいものを選ぶとよいでしょう。

　その他、糊（スティックタイプ）、セロテープが必要です。またこの技法に限りませんが、折り紙を折るときはテーブルの色に気をつけたいものです。例

136 第2部 実践編

図 11-1

図 11-2

えば白い紙を折る場合、テーブルが白いと紙端が見えにくくて折りづらいものです。したがって、テーブルは色紙と同系色のものを避けるか、違う色の下敷きやマットを敷くとよいでしょう。また、椅子の高さも案外おろそかにされがちですが、作業の集中と治療的効果を高めるためには、腕が自由に動かしやすいやや高めの椅子が適当です。もちろん椅子が高すぎて猫背になったり、反対に低すぎて手や目が疲れるようでもよくありません。

最後に、できた折り紙を貼る明るい窓が必要です。透明ガラスで自然光がよく入る南向きの窓などがよいでしょう。欲を言えば2階以上の部屋でバックに空や自然の風景（山や海など）があるなら最適ですが、筆者の経験からはビルなどのバックが移っていても、明るい窓であればクライエントは一様に作品としての透ける折り紙の美しさを堪能することができるようです。（図11-1、11-2）

(4) 制作手順と注意事項

　A4もしくはB4の紙を横に二つ折りにしていきます。それを3回繰り返して開くと、紙が八等分されます。それをペーパーナイフで丁寧に切って分割しましょう。黄金比はそのままの縮小された同じ紙が8枚できたところで、1枚ずつを折っていきます。折り方は言葉で説明するより、図11-3を参照してください。8枚とも必ず同じ折り方をします。できたら必要に応じて折ったところが開かないよう糊付けします。このとき、糊は最小限度にとどめます。なぜなら最後に光に透かしたときに糊のシミが目立つと美しさが半減されるからで

す。さて、8枚同じ形が折り終わったら、今度はそれを図に従って円を描くようにつなげていきます。このときも糊は最小限度にとどめます。8枚目は一枚目の下に入れ込むようにしてつなげます。八角形の星が1つできました。

　制作としてはこれで終了ですが、このままでは透ける折り紙の美しさは味わえません。裏側の中心にセロテープを輪にしてくっつけ、窓に軽く貼り付けてみましょう。光を通して星の中の幾何学模様が折り込みのグラデーション（諧調）とともに、くっきり浮かび上がるのがわかるでしょう。クライエントとセラピストはともに作品の美しさを味わい、光の中に浮かび上がる様子について話すのもよいでしょう。

　図に示した折り方は基本形と思ってください。2枚目は折り方を工夫してオリジナルな模様の作品を作ってみましょう。8枚の紙が円としてつながることで思いがけない形態が浮かび上がることもあり、クライエントが幾何学模様の中に新たな形態の発見をする様子は時として興味深いものです。ただし、オリジナルの場合、次の2つの約束を守ってください。

- 8枚とも必ず同じ折り方に統一すること
- 中心の90度の角度を守ること

　折り方の注意事項は何と言っても丁寧であることです。呼吸を楽にリラックスして、かつ制作に集中できるなら、誰もが素敵な造形美を創り出し味わうことができるでしょう。また相互法で行い、折り紙を折りながら互いに話を弾ませることもよいでしょう。逆に気が散っていたり、細かい作業が苦痛に感じるようなときはむしろやらない方がよいかもしれません。なぜならそのようなときはどうしても折り方が雑になり、正確さを欠いてしまいます。折り方が正確でないと仕上がりの幾何形体の美しさが損なわれるので、本人（クライエント）はもちろんセラピストや周囲の人も、窓に貼った作品を眺めて、何か裏切られたように感じるかもしれません。

　調和の取れた形態から私たちが心地良さと治癒的な働きかけを受けるのと同様、不調和・不協和な形態からは不安や緊張を感じることがあるものです。もちろん現代芸術の中には、不調和・不協和を強調することで混沌とした時代の空気を意図的に反映させた優れた芸術も存在します。しかし、それは治癒的

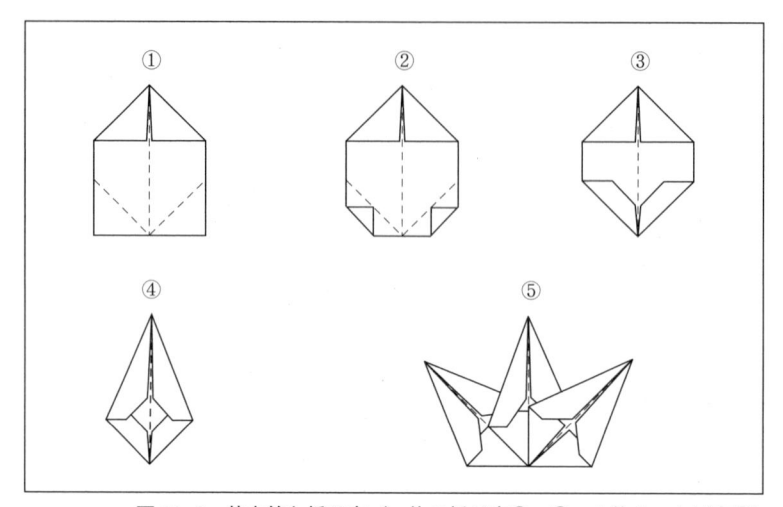

図 11-3　基本的な折り方（一枚の折り方①〜④、八枚のつなげ方⑤）
（出典：M. シュテットラー「トランスパレントスター」ペロル　2004　p.9〜12）

な働きをする芸術作用とはまた別のものです。

　丁寧さは折り方だけでなく、糊付け、窓への貼り方などすべてに共通して要求されるもので、セラピストは制作から作品鑑賞までの一連の流れをゆったりと穏やかな雰囲気の中で行うよう配慮します。

⑸　透ける折り紙の治療的意味

　筆者の言う「透ける折り紙」とは、この技法を開発したマリアンネ・シュテットラー（Marianne Stettler　独）の著作[1]に従うと、正式には「トランスパレントスター（Transparente Fenstersterne）」と呼ばれます。トランスパレント（英語では transparent）は「透き通った、透明な」という意味ですが、文字通り光が透ける星の形の折り紙です。もちろん星の形とは天空の星を正確に描写した言葉ではなく１つの象徴的表現です。

　自然物の中にこの透ける折り紙の形態の似姿を探すなら、植物（草花、実など）が最もふさわしい手本となるでしょう。自然界に存在する形態美は、その幾何学的な法則も含めてそれ自体がある種のエネルギーを持っています。宇宙の霊性とも言うべきその生命力に、これまで人類は様々な立場からアプローチ

してきました。例えばインド、中国を経て仏教とともに渡来した蓮の花の形態は、甘い香りとともに蓮華文様として伝統医学の中にも取り入れられてきましたし、インドの伝統的ヨーガにおけるチャクラ（体中に潜在している霊的エネルギーの焦点）の形状は蓮華をもって表現されています。

　花に代表される造形美の特徴は点対称のシンメトリー性にありますが、このことをシンボリックに描いているのが胎蔵界曼荼羅です。これは 7 世紀の中ごろ、西インド（あるいは中インド）で成立した経典「大日経」の説く理論を図像化したものですが、大日如来を中心として放射線状に広がる構図は、眼前の修行者に対し、物を見ることの深い意味、生命とは何か、悟りと人間の必然的「かたち」とは何か、を問いかけると言われます。曼荼羅を観ること、曼荼羅を描くことはそれ自体が修行であり瞑想ですが、その意味するところの 1 つは人間が全体としての宇宙（マクロコスモス）と呼応している小宇宙（ミクロコスモス）であるという認識です。

　ユングは曼荼羅が西洋の錬金術の伝統における基本的構成手段であり、固体化をめざしているクライエントが生み出す治療的・統合的芸術形式であることを再発見しましたが、クライエントのセンター（中心）は全体性へと統合されようとする衝動を持っているのです。本章で紹介してきた「透ける折り紙」の技法は、基本的には曼荼羅の持つ治療、瞑想、統合の目的を持ってクライエントに提供されるものです。折り紙の一片ずつを生命の様々な活動や肉体の構成要素と考えてもよいでしょうし、時計のように生活や人生のサイクルと捉えてもよいでしょう。それらは作品の仕上げに当たって、中心で 1 つに統合されます。自然光を通して浮かび上がる中心性を持った理想形態は、その色彩のグラデーションとともにクライエントの心身に調和的に働きかけることでしょう。

　また折り方によっては、卍の文様のように方向性を持った光の回転を体験することもできます。これらの運動性を持った形態は、呼吸や血液循環など体のリズム組織に良い作用を及ぼすでしょう。ここで述べてきた事柄は「ホリスティック」と呼べる概念をベースにしています。

2. 自然が語る、自然を飾る

(1) 自然物の治癒的働き

　すでにここまで述べてきたように、自然界は美しい形態や色彩、匂い、感触などを通して私たちに治療的に働きかけます。四季の変化が美しい日本では、古くから自然の装いを季節ごとの民族行事の中に造形として反映させてきました。正月の松飾り、桃の節句、七夕の笹飾り、お盆では迎え火を焚いてきゅうりの馬とナスの牛を用意し、十五夜には月見団子とともにススキを供えるのが一般的です。もちろん、西洋から入ってきたキリスト教のイースター（復活祭）の卵やクリスマス（降誕祭）におけるクリスマスツリー（もみの木）や蔦を輪にするリースの飾りなどは日本に定着しています。

　また、私たちを取り巻く自然界とは植物ばかりではありません。直接的な造形要素からは離れますが動物で言えば牛、馬などの家畜は長い人類の歴史を共に歩んできた馴染み深い自然です。犬や猫といったペットは今日のような人工的、人間中心的世界にあって家族同様に扱われ、その死に際して「ペットロス症候群」といった心的外傷を負う時代にまでなっています。また、邪心のない動物（犬、猫、イルカなど）による治療的な働きかけ（アニマルセラピー）はすでに欧米の様々な施設で実践されています。

　鉱物、植物、動物、自然現象など取り巻く自然のすべてに造物主の存在を考える汎神論的世界観は、日本の神道の中にも生きています。山の神、海の神に安全や豊漁を祈願する風習はもちろん、春の田植え祭り、秋の収穫祭は自然を人格神と捉えて感謝する私たちの心情を反映しています。私たちが美的に体験する自然の創造的行為は、堂々たる富士山のたたずまいから一片の木の葉に至るまで、神が創り出した芸術作品と思わずにはいられません。自然をこのように捉えてきた背景には、私たち人間が自然と共鳴する要素を持っているからに他なりません。生成する有機体である人間は自然と兄弟であり、互いが互いを支え合い、全体として１つに調和する関係性に貫かれていると言ってもよいのです。

そして自然が提供する素材に新しい生命を吹き込むことが人間の芸術であるならば、そこには自然への畏敬とともに共鳴し合う生命力が通うはずなのです。芸術を難しく解釈することはありません。自然素材をありのままに受け取り、その美的要素を味わい「見立て」を体験することです。自然や神に対する「見立て」は私たちが様々な民族的祭礼の中で行ってきたことですが、最もわかりやすい例は、幼い子どものする遊びです。子どもはままごと遊びの中で草花や木や石を用いて、いとも簡単に「見立て」を行います。強い向かい風や砕ける海の波に抗って足を踏ん張りながら、自分を勇者のように感じることは男の子なら誰もが体験する「見立て」です。自然が語りかけるものに耳を傾け、一体となり、それを造物主のように再構成する行為は、子どもに限らず私たちを自らの存在に対する認識へと導きます。そのように考えると自然物を用いた芸術的治療は、心理治療面に限らず、広く高齢者、障害児（者）などに対して有効であることがわかるでしょう。

(2) 自然物を用いた一技法

「自然物造形法」は自然物の種類の多さを考えればわかるとおり、多種多様な方法があります。ここでは「透ける折り紙」同様、自然光を取り入れた技法を紹介してみたいと思います。

1) 準備物

まず集める自然物は身近に手に入る草花、木皮、平たい石、木の枝などです。その他にトレーシングペーパー（A4～B4）、自然物を収集する袋、糊、場合によってはセロテープ、はさみなども用意しておきます。

2) 自然物の収集

自然物の収集にあたってはコラージュ療法にマガジンピクチャーとコラージュボックスの2つの方法があるように、クライエントが（またはセラピストとともに）野外を歩いて気に入った形や色の葉っぱ、野の花などを集める方法と、セラピストがあらかじめ野外から集めておく方法の2通りが考えられます。自然物造形法の場合、できれば前者のほうが良いでしょう。なぜなら造形療法以前にクライエントと野外の空気を吸い、自然を味わうことはそれだけで

お互いの解放と豊かな結びつきに寄与するからです。

　そこでは季節の話題からその日の天気や暖かさ（寒さ）、風や日差しなど様々な自然の恵みが二人を包み、友好的雰囲気に導くでしょう。もちろんセラピストはクライエントの体調や気分の変化に敏感でなければなりません。時にはベンチや草に腰を下ろすことも気分転換になります。車椅子に乗っている高齢者や障害児（者）の場合は、時々車椅子を止めて顔を見合わせて話をしたり、坂や道の危険物にも気を配るなど、いわゆる援助（介護）技術が必要になります。

　クライエントの見つけた自然物に対しては「きれいですね」「面白い形のものを見つけましたね」などと肯定的な言葉かけを交えながら、共に自然を味わう姿勢を持ちましょう。時には思いがけずクライエントから花の名前を教えてもらったり、聞こえてくる鳴き声が何の鳥か互いに耳を澄ますなど、豊かで心地よい時間を過ごすことができるかもしれません（つまり、この時点ですでに治療は始まっているのです）。さて、こうして自然物を一つひとつ袋に入れながら散策していくのですが、ここで気を付けることは明らかに人が植えて育てている草花を抜かないことです。プランターや花壇はもちろんのこと、きれいに手入れされている植木や個人宅に生えている草花、木の実なども採取しないことがルールです。おそらくクライエントとともに歩く場所は、公共の公園、林や森、川沿い、海沿いの土手などになるでしょう。病院や施設における野外散策、遠足などを兼ねて、この自然物収集を行うこともちろんできます。

　3）押し草花づくり

　集めてきた自然物は、新聞紙や厚い古カタログ本などを使って押し草花にします。これも様々な事情が許すならクライエントとともにするとよいでしょう。上に重しを乗せて一晩から2～3日おきます。当然のことながら自然物は時間の経過とともにその生命力を失って、生き生きとした形態も色彩も色あせていきます。したがって、押し草花の状態をそのまま長く放置してしまうと、腐ってしまったり、紙に張り付いて取れなくなってしまうので、造形療法を行う日から逆算して、自然物の収集と押し草花をする日にちを設定する必要があるでしょう。

4) 自然物造形法の展開

　まずセラピストが新聞紙や本の間から、押し草花を広めの作業台の上に抜き出しておきます。様々な自然物が折り重なっていると、貼りたいものを見つけにくいので、なるべく重ならないように（ちょうどトランプの「神経衰弱」のように）広げましょう。クライエントにはトレーシングペーパーの上に気に入った自然物を並べてもらいます。教示は「この前集めてきた自然物の中から、好きなものを紙の上に並べて自由に絵を作ってみましょう」「構成ができたら、糊で貼り付けて絵を仕上げましょう」などという言い方がよいでしょう。制作の過程では葉っぱを丸く並べて円を作る、2枚の葉を蝶の羽に見立てて構成する、人の顔を表現する、風景を構成する……など様々なイメージの操作がなされます。もちろん何か具体物に見立てなければいけないという決まりはありません。気に入った自然物を順番に並べて良しとするクライエントもいるでしょうし、あまり自然物を使わず、貼らない空間を大切にする場合もあります。その一様でない制作過程とできあがった作品に、クライエント個人の治療過程と心的状況が表現され得るのです。糊で貼るときには自然物を壊さないような慎重さが求められます。ゆっくり呼吸を整えて静かに必要な箇所に糊を付けていきます。この場合も糊の量は必要最小限でよいでしょう。自然物の中でも木片や平たい小石など糊だけでは定着しづらいものには、セロテープを用いるなどアドバイスが必要な場合もあります。

5) 鑑賞──窓に飾って光を通す

　仕上がったらそのままテーブルに寝かせて、鑑賞することもできます。特に、小石や厚めの木片など光を通しにくい自然物が多い場合、窓に張ることは逆光になってしまい、シルエットしか味わえない場合もあるので、そのときはテーブルに置いたままか、窓以外の壁に貼って鑑賞するとよいでしょう。草花の場合は明るい窓に貼ることで、自然光が葉脈を浮かび上がらせ、自然物の重なりはグラデーションとなって美しさを倍加させるでしょう。作品を間に挟んで「きれいに仕上がりましたね」「この発想は面白いですね」などとセラピストが感想を述べたり、クライエントに制作の感想を述べてもらったり、「もし、この作品に題名をつけるなら何ですか」などと聞いてみるのもよいでしょ

う。(図11-4、11-5)

(3) その他の覚え書き

　この自然物造形法を通して、クライエントにどのような変化があったか、治癒的な作用がどのように現れたかなどについては、その後、慎重に記録の中で吟味していきます。クライエントの発言、作業過程での様子、鑑賞時間の様子や発言、気分の変化など、様々な観点で見ていくことができますし、他の療法同様に独りよがりを避けるためのカンファレンスが必要なことも付け加えておきます。

　ここで示した技法はほんの一部ですが、他にも鉱物による治療も興味深いものです。様々な鉱物やその結晶にエネルギーがあることはよく知られていることですが、散策で拾った石を手のひらに載せてその重さを味わったり、頬や熱のある部位に当

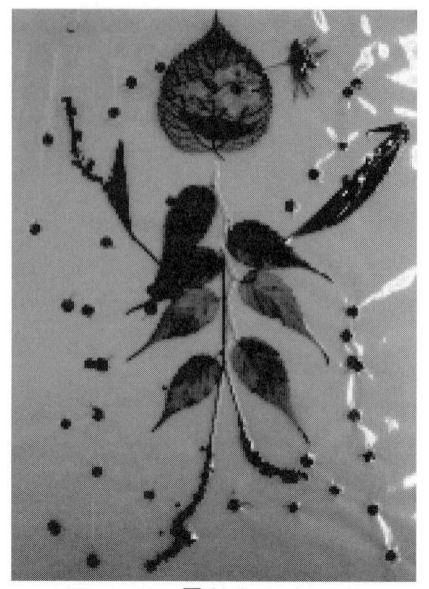

図 11-4

図 11-5

ててそのひんやりとした感触を体験することは、感覚の刺激と再統合に役立ちます。きれいな形や色を持つ小石や貝殻を収集することが治療に結び付くこともありますし、拾ってきた石に絵の具で色をつけて「見立て」を体験することも治療的なアクティビティーとなり得ます。私たちは高度に文明を発展させ、自然と切り離されたところで都市生活を送っています。とかく人工的で無機的な環境に慣らされた私たちが、しかし目を野外に向けると自然は身近なところで私たちのアプローチを待っているように感じます。「野の花を見よ。……」と

は聖書の言葉ですが、道端の小さな野の花に目を留めるとき、自然が私たちに働きかけていることを知るでしょう。自然は決して声高に自己主張しませんが、季節ごとに治癒的な贈り物をきちんと用意しています。自然素材を使って芸術作品の制作に取り組むとき、人間は、神的創造力が外の自然界に存在するだけではなく、自分自身の中でも活動していることに気付くのです。

第12章

心理療法の中の様々な技法の発展

1. 心理療法とは何か

(1) 歴史と基本的枠組み

　現代の心理療法はフロイトによって創始された精神分析を背景にしています。精神分析はアメリカやイギリスなどの英語圏で発展し、高度に理論化されて精神医学の分野に広まって権威付けられました。心理療法とは欧米におけるサイコセラピー（psychotherapy）の訳語ですが、辞書を引くと精神療法という訳も同時に出てくるのは、心理療法が精神医学の領域における治療モデルを志向しているからに他なりません。精神分析が心の問題をあくまで精神分析的に解釈し、クライエントの問題理解と解決を試みようとするのに対し、やがてそれに対抗するように新しい心理療法が作り出されました。それがC・R・ロジャースの来談者（クライエント）中心療法です。ロジャースの心理療法は「非指示的カウンセリング」と呼ばれるように、批判的、指示的な指導や助言を徹底的に廃して、共感と受容によってクライエントの気持ちをありのままに受け入れることを治療の出発点としました。

　一方、その後、精神分析学からはA・アドラーの個人心理学、C・G・ユングの分析的心理学などが発展し、特に後者は河合隼雄によって日本に紹介され、現在の日本の心理療法（特に芸術療法においても）では、多くの人が多かれ少なかれその影響を受けています。

　日本独特の心理療法としては「内観法」と「森田療法」を挙げることができます。「内観法」はもともと浄土真宗の一派に伝わる「身調べ」と呼ばれる求

道法を吉本伊信（1916～1988）が改善、発展させたもので、一定期間、集中的に外界と遮断された狭い空間で内省に専念する方法です。これは母親などの身近な人々とのかかわりを思索する中で、生かされているありがたさを体験し、自己変容に向かう営みと言えます。また、森田正馬（1874～1938）によって創案された「森田療法」とは、隔離された一室における臥褥療法と段階的な作業療法から成り立つ神経症（森田の言う神経質）に対する精神療法です。治療を通して患者が体得すべき態度は〈事実唯真〉〈自然服従〉などとも言われるように、症状によって生ずる不安や不快な感情をあるがままに受け止めつつ、やるべきことは積極的にやっていこうとする中で、患者の内的・行動的変化が引き起こされるというのがその治療原理です。その他、世界的にも近代的な心理療法の発展は約100年の歴史を持ち、紐解くなら様々な専門家、実践家による臨床理論や臨床技法によって膨大な発展地図を描くことが可能ですが、本書はそのことをメインに据えるものではないので、詳細は心理臨床の専門書に委ねることとします。

(2) 心理療法の特質

自然科学は合理的なものを扱うことに優れ、分析、法則化する、いわゆる因果律理論で発展してきました。例えば、近代西洋医学では症状の訴えを受けて検査し、診断（病因の確定）を行い、治療（病因の除去など）を行うという医学モデルを採用しています。近代心理学もまた科学的でありたいという願いから、例えば主観性をできる限り排除し、科学的方法論を踏襲して人間の行動を探求しようとする「実験心理学」が作り出されました。しかし、人間の心というもともと主観的で非合理的体系を扱おうとする心理学は、近代自然科学の理論モデルでは説明のつかない課題に頻繁に直面するのです。心理療法の目的は心理的問題を抱えた人を援助、治療することですが、「心理的苦痛」と言う場合、その苦痛だけに限定して治療するなどということはあり得ません。その苦痛はクライエントの生活や対人関係や経済や、場合によっては人生そのものが関わっていて、その最も先端の「現れ」として主訴されるからなのです。そこで登場するのが医学モデルに対して成熟モデルと言われるものです。どういう

ものかと言うと、訴えを受けて治療者が治療的な態度をとる、するとクライエントの自己成熟過程が促進され、問題解決が期待される、という図式です。一般的には「自由にして保護された空間」の中で、クライエントの自己治癒力、心の奥にある自律的な力に働きかける方法論なのです。この場合「働きかける」と言っても治療者はクライエントのもともと持っている「治ろうとする力」に頼っているのであり、治療者の働きかけと治療（問題解決）は必ずしもその因果関係を明らかにすることはできません。その意味で心理療法は、通常の概念に照らして「科学的」と言うには当たらないのです。

　心理療法の事例ではないのですが、ある芸術大学での話を紹介します。画学生から一級の芸術家として尊敬を集めていたある教授（画家）がいました。あるとき、学生たちがデッサンの勉強をしているアトリエに後ろの扉からその教授が入って来たのに気づいた学生たちは、いっそう張り切ってデッサンに励みました。それまで多少のおしゃべりもあったアトリエはいっぺんに静かになり、学生たちが木炭のペンを走らせる音だけが流れます。良い指摘を受けたいと、誰もがいつもにも増して自分のデッサンと対象物に集中します。後ろに先生はいる、今こそ自分の絵が見られていると誰もが思うのですが、しかし一向に教授は声をかけてきてくれません。長い時間がたち、とうとう一人の学生が後ろを振り返り、つられてみんなも振り返ります。そこで学生たちが見たのは、椅子に腰掛けてこっくりこっくりと居眠りをしている教授の姿でした。

　さて、ここで筆者が言わんとすることはすでにおわかりでしょう。教授（画家）は学生の問題（デッサンの技術向上）に対して、通常の意味で直接的な「働きかけ」はしていません。しかしその存在は学生の持つ自分の中のタレント（才能）に明らかに働きかけ、それを引き出し問題解決に寄与しています。さらに注目すべきは、教授は自分が学生の才能に働きかけるという意識を持っていないこと、またいつでも教授が入ってくれば同じ事が起こるという確かな証明もできないことです。教授と学生の中に成立している信頼関係によって、学生の自己努力が促され、問題解決が「期待できる」としか、表現できないのです。つまりここには近代科学の持つ因果律理論ではくくれない、そのとき一度限りの心のダイナミズムが潜んでいるのです。もちろん信頼されていれば治

療者は、クライエントに絵を描かせて居眠りをしていても良いと言っているのではありません。どれほど多くの流派と治療理論が存在しても、それを超えて治療者とクライエントの心の数だけ心理療法は存在するのではないか、と言いたいのです。

2. 樹木画からH.T.P法、風景構成法へ

(1) 心理テストと芸術療法

　心理臨床の現場で使用されるものに心理テストがありますが、これは大きく分けて能力・適性検査と性格・人格検査とに分類されます。前者でよく用いられるものは知能検査といわれるものであり、代表的なものは田中B式集団検査、個別法としての田中ビネー法、ヴェックスラー法としてのWAIS-R、WISC-Rなどで、その目的の多くは、被検者が生活年齢に見合った知的課題をパスできるかどうかというものです。当然のことですが正答はあらかじめ1つに決まっていて、答えの中における被検者の独創性は無視されます。その点において能力・適性検査の類は芸術療法で扱われるような独創的表現とは相容れない性質を持っていると言えるでしょう。またこれらの心理テストは主として時間制限を設けている場合が多く、その意味でも学力検査に近似しています。

　同じ心理テストでも性格・人格検査は回答の中に被検者の個人差がより投影されやすく、前者よりは芸術療法に近い要素を持っています。性格検査の方法は主に質問紙法と投影法に分けられますが、質問紙法はあらかじめ定められた基準をもとに個人の性格特性を判断しようとするのが一般的な方法です。この場合、多くのデータ集積をもとに妥当性、信頼性を持った質問項目と標準得点を設けていますが、この質問紙法もどちらかと言えば標準からのズレに焦点を当てて、被検者の問題点を浮かび上がらせようとする点で、創造的表現を媒介とする芸術療法とは一線を画すと言えるでしょう。

　さて残る投影法ですが、その代表格ロールシャッハ・テストはスイスの精神科医ヘルマン・ロールシャッハ（Herman Rorschach）によって創案されたインク・ブロットの偶発的な形態を持つ図版を採用して被検者に視覚刺激を与え、

反応を求めるものとして有名です。この場合被検者は、本人が意識するとしないに関わらず、自由で自発的な反応をすることが許されるので、独創的な連想や表現が可能です。反応がその人の持つ、より自由な心の表現となる可能性を持っているという点では、後述する様々な描画テスト、ひいては芸術療法に近い要素を持っていると思われます。

心理テストとは、描画も含めいずれも妥当性・信頼性の高い心理測定理論に基づいて客観的、科学的に標準化されていますので、その診断結果は誰が、どこで、いつ実施してもほぼ一致するよう作られています。時として被検者の無意識世界も投影され得ますし、治療、相談の指針を得るのに大変役立つものとして確立しています。しかし同時に、その限界や被検者に対するマイナスイメージもまた自覚しておかなければならないだろうと思われます。限界とは心理テストがあくまで心理査定のための道具であり、治療そのものではないという点です。またテスト、検査は、そうと言葉に出して言わなくとも人を緊張させる要素を持っています。容易に学力検査を連想させやすく、結果が断定的で心を数値化されることに対する抵抗もあります。つまり心という深く広がりの混沌とした世界が、テストという科学データ的なものに馴染まないのではないかという、疑問や居心地の悪さを持ちやすいのです。心理テストを受ける中で、意識的に検査者の望む（または望まない）答えを出したり、それが妥当かどうかは別にして、テストによって自分の何が査定されるかまで見越して答えを出す被検者まで出てくる場合もあるのです。これらのことを考慮した上で行われるのであれば、心理テストにせよ芸術療法にせよ、互いに心を開き、その時々の一回性の中に人生のダイナミズムを味わうことの大切さに気づくことでしょう。

(2) 樹木画（バウムテスト）

樹木画（バウムテスト＝Baum test）はスイスのコッホ（Karl Koch.、1906〜1958）によって創始された投影描画法ですが、コッホは職業相談に使用していた樹木画の診断的使用の概要を1949年にまとめ、以後ヨーロッパに広く普及しました。実施法は「実のなる木を1本描いてください」または「木を1本

描いてください」という教示によって、被検者に「樹木」という課題画を描いてもらうものです。通常、白紙（A4程度）を使用しますが、樹木の描かれた画面上の位置、樹木全体の大きさや雰囲気から、樹幹、枝葉、実、根、動勢、空間処理、付属物などに至る様々な項目における特徴を分析して、性格・人格診断のよすがとするものです。一般的に樹木の形は手を広げ（上げて）直立する人間のように見えなくもありませんが、描かれた樹木が描画者の潜在的自己像を表すことが多いと言われています。本書ではテストとしての描画を中心的に取り扱っているわけではないので、コッホの原法や様々な臨床家が解説している詳細な樹木画の分析項目には踏み込みません。興味のある方はコッホなどの文献を参照してください。

(3) H. T. P. テスト

H. T. P. テスト（House Tree Person test）はアメリカのバック（Back, J. H）が1948年に体系化した描画による診断法です。読んで字の如く「家屋」「樹木」「人物」をそれぞれ手描きしてもらうことで、被検者の様々な性格特性やその統合度、パーソナリティーと環境との相互作用などに関する情報などを得ることができるものです。教示は「家屋、樹木、人物を描いてください」というものですが、わが国では高橋雅春の実施法が普及しており、その方法は家、木、人（男・女）をそれぞれ1枚ずつの紙に描いてもらい、合計4枚の描画から様々な性格情報を読み取ろうとする、いわばH. T. P描画法と言えるものです。また他にも1枚の紙に家・木・人を描き込ませる「統合型H. T. P法」や枠付け法を応用する「多元的H. T. P法」なども開発されています。H. T. P法も投影描画法の1つであり、もちろん絵画療法の課題画法として用いる例もあります。

(4) 風景構成法

先に挙げた「統合型H. T. P法」は1枚の紙に家・木・人が描かれる分、それぞれの描画項目が関連し合い、統合されて1つの風景画に見える場合があります。H. T. P法との比較検討はともかく、風景を構成する項目が増えること

はそれだけ広がりと奥行きを持った精神内界が投影されやすいのではないでしょうか。日本人はよく「心の中の原風景」などという言い方をしますが、風景の中に様々な物語を編むことは案外日本人にとって馴染みやすいものであるかもしれません。風景構成法（The Landscape Montage Technique）は精神科医の中井久夫によって精神分裂病（現、統合失調症）治療のために1969年に創案され、1970年に報告された描画療法の一技法です。描画療法と言ったのは、風景構成法には投影描画テストとしてはもちろん、絵画療法の一技法として治療技法となる独自性を持っているからです。さていずれにせよ、その実施法について紹介しておきます。まず実施に先立ち、A4〜八つ切程度の画用紙と黒のサインペン、24色程度のクレヨンを準備します。中井の原法をもとにすれば、画用紙に枠取りをしてから、「今から私が言うものを、一つひとつ唱えるそばからこの枠の中に描き込んで、全体として1つの風景になるようにして下さい」という教示とともに、クライエント（被検者）にサインペンを手渡します。順番は①川、②山、③田、④道（大景－遠景群）、⑤家、⑥木、⑦人（中景群）、⑧花、⑨動物、⑩石、⑪足りないと思うもの（近景群）、です。できたらその絵に彩色をしてもらいます。できあがったら裏面に日付、名前を記してもらい終了とします。完成後は風景画をはさんで「季節、時刻、天候、川の流れの方向、人と家、田などの関係、人は何をしているのか」などについて質問し、互いに作品を味わいます。全体の制限時間は特に設けません。次に皆藤章の文献からいくつかの注意点についてまとめておきます。

- 枠付けはクライエント（被検者）の目の前で行うこと。
- 上手下手を見るのではないこと、好きなように描いて良いことなどを教示段階で告げ、保証すること。
- クライエント（被検者）からの質問には「自由にしてよいですよ」と、描き手の裁量を支持すること。もちろん一部または全部の描画拒否も認めること。
- 1つの項目を描き終えてから次の項目を告げること。項目の提示は紋切り型でなく、その時々の状況で受け入れやすい言い方を工夫する。
- 素描終了後に2人で少し絵を眺める時間があるのもよい。

- 彩色の順序は自由で一部またはすべての彩色拒否も認める。
- 完成後の質問は、2人で作品を眺めながら鑑賞する雰囲気で行う。侵入的な質問は避けること。
- すべて終了したら、作品の裏面に日付、名前を記してもらうこと。

　さて、風景構成法の読み取り、アセスメントについて言及することは膨大な紙面を必要とします。画面全体の空間に象徴的な意味を見出すこともできますし、合計11の各項目がそれぞれクライエント（被検者）の魂のレベルを象徴的に描き出すことも考えられます。各項目間は位置、大きさ、色彩など、様々な造形要素の中にその人の社会性や環境との関係性が現れてくる場合もあるかもしれません。詳細はより専門的な文献に譲ることとし、ここでもより実践的に大切なことは、描いている過程から作品の鑑賞に至るまで、共感的な観察態度の中で即断、独断を避けることであろうと思われます。また描画テストに現れる様々な性格特性や問題点は、クライエント（被検者）に対するその他のあらゆる情報を含めて考えていくべきものであることを付け加えておきます。

3. 人物画から家族画法へ

(1) 人物画テストの概要とD. A. M

　1926年にフローレンス・グッドイナフ（Florence Goodenough）は『描画による知能測定』を刊行しましたが、それは子どもに人物を描かせ、その絵から知能年齢を求めるというものでした。児童の描画発達研究については本書でもすでに述べてきましたが、系統的な描画発達研究の立場からは知能年齢を求めることも驚くには当たらないでしょう。その後1949年にマコーバー（Karen Machover）は著書『人物画への性格投影』を通して、人物画による性格テストD. A. P（Draw a Person Test）を世に問いました。人物画は古代より様々な形で描かれてきましたが、今日の描画発達研究では古代人から現代人へと続く人物表現と、1人の子どもがたどる年齢ごとの人物表現の変化とが、見事にオーバーラップすることを発見しています。いずれにせよ近年では上述したように子どもの人物表現は、描画心理学の中で知能測定および投影法のテ

ストとして注目され発展してきた経緯を持っています。次節では投影法としてのマコーバーのD. A. Pを取り上げるので、ここでは知能測定としての人物テストD. A. M（Draw A Man）について若干触れておきます。D. A. Mの教示は「人を1人描いてください。頭から足の先まで全部ですよ」というもので、用紙は縦置きを基本とします。男女どちらを描いても自由ですが、初めに描き出された人物が女子であれば、次の紙を渡して「今度は男の子を描いてください」と男子を描くように続けて教示します。初めから男子像が描かれた場合は、そこで終了とします。なぜなら評価は原則として男子像を対象に行われるからです。適用はおよそ3歳から9歳の精神年齢を対象としていますが、これは3歳がおよそ人物表現の出現の時期と重なるからでしょう。評価の方法は日本では小林、小野らによる再標準化がありますが、頭、眼、胴、足、口、腕、鼻、毛髪……正面、横向きなど50に及ぶ項目を用いて採点します。知的障害児、発達障害児らにも適用可能であり、実際に実年齢より幼い人物画が表出されて、その知的発達水準を知ることなどができるでしょう。

(2) マコーバーの人物画テストD. A. P

　通常、平均的に幸福な育ちをした子どもは、乳児期の発達過程における「人見知り」を除けば、基本的に周囲に心を開いていて人好きです。したがって、描画においても人物表現はごく自然な発現として見られますし、そのような人物表現を描画テストの課題として与えることは、同様に自然で抵抗が少ないと思われます。マコーバーは子どもの人物表現が意識的で表層的な似顔絵描写ではなく、「無意識裡の精神的価値の全体系に基づいている」と指摘していますが、筆者の体験でも、幼児が例えば母親（父親）を描く際、めがねや髪型などの客観描写より、対象者の内面描写、自分との関係描写に優れていることを発見して驚かされることがあります。またそれが意識しないオートマチズムによるものであることもたいへん興味深いところです。もちろん投影法としての人物画は成人にも有効ですが、社会的経験や刷り込みによるフィルターの数が子どもと成人では違うという点は考慮されねばならないでしょう。

　さてD. A. Pは性格検査としての人物画テストですが、性格・感情表現であ

ると同時に様々な心身の問題が投影される可能性も持っています。その実施にあたっては、準備として紙と描画材料（サインペン、鉛筆など）があれば十分です。また所要時間も 20 ～ 30 分あれば描き終えるでしょうし、さらに 20 ～ 30 分あれば描かれた人物画を間にゆっくり話すこともできるでしょう。集中しなければならない時間が少ないことも子どもにとって好都合の要素です。また心理療法の初期的導入法としても有効であろうと思われます。D. A. P の教示は次のようなものです。「1 人の人間を頭の先から足の先まで、出来るだけ上手に描きなさい」さて、描き終えたなら 1 枚目とは違う性別の人物を、同じ手順でもう 1 枚描いてもらいます。こうして男女一対の人物画が得られます。描画過程における様々な視点、つまり人物のどの部位から順に描くか、描き直したり迷って消したりしたか、発言（独り言、質問など）はあるか、その内容はどのようなことか、描きながらの感情の変化はどうか……など注意深い観察と記録が大切になります。また他の描画法も同様ですが、描き終えた後にその絵をはさんで様々な話をすることも必要です。人物画の分析・解釈は絵全体としては大きさ、配置、姿勢、動作、正面像か横顔像か、背景の有無と内容……などが検討され、人体の個別部位としては頭、顔、口唇、顎、眼……に始まって服、帽子、ネクタイ、ポケット、靴、ボタンなどの詳細な検討、陰影付けや男女 2 枚の絵の比較にまで及びます。もちろん 1 枚の人物画で被検者の性格を断ずることは出来ません。他の総合的な視野が必要であることは他の描画法同様ですが、それでもなお 1 枚の絵は無視できぬ何かを常に語りかける、ということが言えるでしょう。

(3) 家族画 D. A. F

誰もが過去・現在の中で家族とのかかわりを持っています。自己像も含めて人物画法（D. A. P）が変形・発展したものに家族画法（D. A. F = Draw A Family）がありますが、特にその心身の発達や育ちに家族の影響が大きい、幼児期から思春期にかけての児童に対して家族画法は有効です。投影法としての家族画の中に現れるものは、家族間の力関係、支配関係、感情的な諸問題にいたるまで、様々な人間模様が内的な操作によって浮かび上がります。ここで

は第3章で取り上げた4歳児の家族画を再び見てください（写真3-23）。そこに描かれているのは囲われた家の中にいる大きな母親と、母親に見下ろされ支配されている矮小化された自己像です。父親、姉は家の外に描かれ、細くしぼんでいるように見えます。この4歳男児にとって家族とは母親と自分だけの息詰まる力関係に他なりません。4歳男児は家族画を描くにあたって、あらかじめ家族関係を分析的に表現することはできません。あくまで自分の内的体験としての家族像を描いたに過ぎないのです。人物に見られる「頭足人」表現は年齢の割りにやや幼く、赤いサインペンを使って線描だけで描き表されました。子どもというものは大人が考える以上に家族の力動的側面を正確に把握しています。そして4歳児が通常の言葉のやり取りで、ここまで自分の家族について理路整然と語ることはできようはずもありません。しかし絵画でなら短時間でこのように語ることができるのです。芸術療法が非言語的コミュニケーション（Non-Verbal Communication）と言われる所以です。

　さて、次に家族画を描いてもらう際の代表的な教示を2つ示します。1つは「ある家族を描いてください」というものです。この場合、自分の家族ではなく架空の家族が描かれることもあり、実際の家族にはいない人物が登場したり、反対に現実には存在するのに、そこでは描かれなかったりすることも起こります。家族画が描かれた後では、その家族の構成や自分はどの人物に相当するか、なぜこのような家族を想定したかなどについて質問してみてもよいでしょう。クライエント（被検者）によっては現実の家族を描くのを重たく感じ、自由な発想の「仮想家族」の方が描きやすい（内的メッセージを込めやすい）という場合もあるのではないかと思われます。2つ目の手法は「あなたの家族を描いてください」という、そのものずばりの教示をするやり方です。前者と逆に具体的であるためにイメージしやすいと感じるクライエント（被検者）がいたり、よりストレートな家族関係が描写されるかもしれません。ただ、自分の家族画の場合、家族一人ひとりを横並びに描く記念撮影的な紋切り型の絵にしかならないこともあります。いずれの場合もできあがったら画用紙の裏面に制作日と名前を書いておいてもらいます。さらに描かれた人物について続柄、年齢などをそれぞれ特定できるように記入してもらうと、なおよいでしょ

う。描画テストとしての解釈は家族それぞれの位置や大きさ、家族の全体像などを見ていきますが、案外、家族画の中に描かれている日用品など（テレビ、家具、勉強道具、ドアや窓……）に描画者の心理が象徴されていることもあります。

(4) 動的家族描画法（K. F. D）
　家族画は身近な（または過去につながる）家族を描くことでクライエント（被検者）の様々な問題点や家族との人間関係、隠された情報などを浮かび上がらせることがありますが、前述した通り、父親を頭にした常識的な家族像や人物の羅列に終わることもしばしばあります。もちろんそのような紋切り型の家族画の中にも、微細に見ていけば興味深い情報は隠されているものですが、より豊かで描画者も思いを込めやすいのが1970年にバアンズとカウフマン（Burns, R. C. & Kaufman, S. H.）によって発表された「動的家族描画法（Kinetic Family Drawing, K. F. D）でしょう。これは「あなたを含めて、あなたの家族の人たちが何かをしているところを描いてください」という教示にある通り、具体性を持った家族の行動が全員で何か1つのことをしていようと、一人ひとりが独自の行動を取っていようと、単に記念撮影的家族画に比べると、はるかに多くのことを語りかける方法論です。特に日々環境を生きる子どもたちにとって、動的家族画は家族内の情報を具体的イメージに載せやすく、描く際の負担と抵抗の軽減に寄与すると思われます。
　家族という領域は、子どものみならず人間を形作る上で大きな要素です。そのため描画療法の中でも家族画法については、実践家による様々なバリエーションを生んでいます。例えば「円枠家族画」は、円という形の中に家族を描かせることで家族に関する有益な情報が中心化（センタリング）されると考えるものです。円という形についての根源的で象徴的な意味については前述してきましたが、中心化（センタリング）という作業は、内的なインスピレーションを与えるばかりでなく、バランスを保持する場合などのシンボルともなり得ます。他にも、動的家族画の一種で家族で大きな縄跳びをしているところを描かせる「縄跳び家族画」を考案した実践家もいます。家族画法は今後も様々な

技法展開を生んでいくでしょう。それは、例え個人主義が徹底した世の中になり家族という概念、領域が変形したとしても、家族のあり方が私たちの心身の成長、治癒に密接に関わり続けていくだろうからです。

第13章

関係性の中から——集団絵画療法

1. グループワークによる力動的側面

(1) 集団活動によって開かれるもの

　様々な芸術活動にあっては、個人で行うものと集団で行うものとが存在します。さしずめ絵画などは個人活動が向いているようです。日本の浮世絵のように絵師・彫師・摺師という分業が確立しているものもあれば、工房が注文を請け負ってマイスターが弟子たちとともに作品を仕上げていくスタイルもあります。しかしどちらの場合でも制作そのものは基本的に個人の作業であることに変わりはありません。これが音楽、演劇、映像などの芸術になると個人の作業でありながらも、集団で1つの作品を創り上げるという、ダイナミック（力動的）な側面がより大きな要素として加わることになります。その集団の中には様々なパート・役割分担が存在し、ライブなどでは鑑賞者さえ、その作品を芸術として完成させる大切な構成要素として存在するのです。その際の集団の特質は集団構成員の相互作用であり一体感、連帯感でもあるでしょう。人間はもともとわかり合うことを欲する存在です。知らない者同士であってさえ同じ場の感動は容易に人を結び付けますし、何か1つのものにみんなが心を向ける作業に人は憧れるのです。それは中心的な指導者やパート・リーダーに先導される場合もあるでしょうし、強烈なカリスマ性を持つ才能者の下で1つになるという場合もあるでしょう。しかし、例え誰かに引き出されるのではあっても、大切なことは知らずに自らを開いて高みへ昇ろうとする内面の力なのです。それはまた同じ芸術の高み、美をめざす仲間意識といってもよいものでしょう。

一般芸術の場合その力が開かれるとは、その分野の才能であり豊かな感性が花開くということでしょうが、療法の場合、集団の中で開かれる力とは自己の新たな発見と他者との関係性への洞察に他なりません。

(2) 集団絵画療法の場の設定と環境

セラピストの誘いを受けてクライエントが複数集まり、どのような芸術活動をみんなで展開していくか、といった導入は次の2通りが考えられます。それぞれについてどのような導入（場の設定）をしていくか、どのような環境が必要かについて述べてみたいと思います。

1) 絵画教室的取組み

複数のクライエントが1つの部屋（例えばアトリエのような）に集まり、個々の作品作りに取り組む方法です。それは、思い思いの方向にイーゼルを立て、描きたい静物を目の前に配置したり、想像の中で主題を決めて絵を描かせるやり方です。初めて部屋に入る障害児（者）、高齢者などの場合、周囲ですでに描き始めている仲間の存在は絵画活動に向かう大きな動機と環境要因になり得ます。クライエントはそれぞれの絵画活動を通して自分自身の内面と向き合うことになるのですが、同じ立場の仲間とともに行う行為はその際の安全弁として働くことが多いものです。通常の絵画教室と違うところは、セラピストが絵の内容や技術についての強制的な指導や指示をしないことでしょう。自由と安全が保障される中でクライエントたちは自己洞察を深め、同時に仲間の中でその表現を開いていきます。そこにはクライエント同士の治療的支持、介入、共感、助言、示唆などが働くのです。

2) 共同制作の取組み

あらかじめ決められたグループによって、与えられた課題画を共同制作する試みです。集団で1つの絵を完成させていくのですから、この場合、個人の絵画活動以上にグループ構成員の交流が活発となります。意見交換、態度表明など言語的やりとりもより密度を増し、クライエントによっては個人の「自由にならない」場面を体験しなければなりません。1つの目標に向かって動き出したグループのエネルギーは、他者とのつながり、隔たり、集団の中にある自己

と他者との関係など、様々な力動的側面を見せます。詳しくは後述しますが、例えばグループ（自分たち）の夢や希望を１つの画面に表そうとする場合、個人の希望の表明から他者の夢を知ることに至るまで、内面を語り合う中で絵画制作が進行していくことになるのです。ここでもグループによる治療的共感や支持、示唆が働くでしょう。

　1)、2)ともに忘れてならないのは、治療グループのエネルギーが常に治療的にばかり働くわけではない、ということです。クライエントによっては不安感、緊張感を抱いて参加する者もいるでしょう。他者の介入に拒否感を示したり、他者の言動を受け入れない者もいるかもしれませんし、逆に他者を支配したり、批判する形でリーダーシップを取ろうとする者があるかもしれません。集団絵画療法におけるセラピストやスタッフは、まず基本的には参加するメンバーが安心感を得やすい雰囲気作りに心がける必要があります。受容的で支持的な雰囲気、グループの特性を理解した上での馴染みやすく、理解しやすい教示（言葉選び）やプログラムの提供、安全性の確保が最低限度必要な留意事項でしょう。環境を変えて行われる「治療キャンプ」などの場合は、参加者の特性に合わせて、スタッフの人数や男女比、グループ（班）構成の仕方、絵画療法（セッション）以外の日程全体を通したきめの細かい配慮と打ち合わせが必要になります。集団絵画療法ではこのように個人療法とは違った側面を持ちますが、セラピストは常にグループとともにその場に参加して観察と必要に応じた介入を行わなければなりません。

(3)　治療的因子
　ヤロムは集団精神療法における治療的因子を次の①〜⑪としましたが、これらは本書における広義の集団絵画療法においても有効なものであろうと思われますので、以下にそれをまとめて述べてみたいと思います。
　　①愛他性　②カタルシス　③受容　④ガイダンス　⑤自己理解　⑥同一視　⑦希望　⑧普遍性　⑨実存的要因　⑩対人関係：自己表現、関係技術　⑪家族力動理解

①：集団の中で絵画療法をすると、あるクライエントが思わぬところでリーダーシップを発揮したり他者を支える機会に恵まれたりします。常に問題を抱え自己否定感の強いクライエントがグループ活動の中で他者の役に立つ機会が与えられると、そのことを通して自己変革の一歩を踏み出すきっかけになる場合があるのです。

②、③：クライエントが自ら抱えている不安、怒り、愚痴、恐怖、失意などを集団の中で吐き出すと、同様の立場に立つ仲間に共感を持って受け入れられることが多いものです。またマイナス感情は往々にして一度吐き出すと浄化されやすく、その後の不安定な情緒が中和される場合もあります。

④：集団療法でクライエント同士が話す中で、案外セラピストが気付かなかった日常生活の工夫や治療上有益な情報がもたらされることがあります。

⑤、⑩：これまでも述べてきたことですが、グループとして活動し、他者と関わる中でこそ自己発見や自己洞察は出来るものです。自分がどういう人間であるかを洞察することが結果として自己否定の方向に向かうことなく、こんなに問題を抱え、辛い自分であっても存在していいのだ、と思える自己肯定感につなげるためにも「仲間」は必要なのです。

⑥：仲間同士の同一視の中で、互いの経験を吐露し、そこから出てくる学びを共有し、生かし合おうとする姿勢が生まれます。それが全体の雰囲気となれば大変建設的な意見交換や情報交換、長年問題を抱えている者が初心者（？）に生活のコツや生き方を説くなどという思わぬ効果が期待できる場面もあるのです。

⑦、⑧：人間は困難や障害、疾病を抱え込んだとき、誰もがなぜ自分だけがこんな目にあうのか、と自問し運命、境遇を呪いたくなります。しかし同時に自分だけがこの困難にあっているのではないと知る時、ある種の癒しがもたらされるのです。また同様の問題を抱える他のメンバーと語り合う中で、自分は孤立していない（1人ではない）と感じることもできます。したがって、セラピストは場の設定に当たって、絵画療法の内容と同時に、集団の中でクライエントがお互いに希望を語り合えるような雰囲気作りを、ぜひ心がけたいものです。

⑨：集団絵画療法は自分が他者にどう見られているか、他者は自分に対してどのように接してくるか、自分はどのように振舞えばよいか、などについて認識する機会にもなり得ます。

⑩：家族の問題はどのような治療グループにおいても話題や絵画の主題に取り上げられやすいものです。本来、自分以外で最も身近で大切な親しいつながりを持つ命、それが家族です。本音が出てぶつかりやすい人間関係ではあるけれど、だからこそ自分をありのままに知ってくれている存在でもあるのです。絵画投影も含め、グループ活動の中で出てくる家族間の力動的側面はクライエント理解に役立つものでしょう。

2. グループワークの実践

　集団絵画療法は様々な方法が模索、検討、実践されています。イメージによる遊びを中心とした「ファンタジー・グループ」のグループ・フィンガーペイントや切り絵、粘土の取組み、被虐待児のグループアート介入における壁画の制作、「緩やかな治療」における絵画アクティビティーでは、高齢者集団の壁面飾りなども挙げられます。関則雄は精神科病棟における集団絵画療法について、動物や風景の共同画、ウッドチップスやクラフト紙による共同工作、人形、ジオラマの制作、版画制作などをテーマとして紹介しています。それら様々な方法の中から、ここでは2つの方法を取り上げて集団絵画技法のヒントにしてもらいたいと思います。

(1) K. J法を使った共同絵画制作法
1) 夢・希望のカード作り

　集まってもらった治療グループ（5～6人が適当な人数でしょう）にカード（付箋）を1人20枚配布します。テーマは治療グループによって異なりますが、思春期児童、若者などを対象にした場合、例として「自分の夢・希望」といったテーマを与え、自由に自分のカードに書き出してもらいます。20通りの夢・希望を挙げることは簡単なようで案外すぐにできることではありません。最初

のうちは進学や職業や結婚の夢などがスラスラと出てくるでしょう。また、行ってみたい場所、やりたい趣味、食べたいもの……など次々と思いつくままに書き出せるのですが、10枚を超えるあたりから少し考え込んでしまいます。この段階ではグループとは言っても個人の作業ですから、クライエントは自分の内面に向かって、自分は何を欲するのかという問いを続けることになります。もちろん20枚書き出せずに終了する人もいますが、グループの全員が書き終えたところで第一段階の作業を終了します。

2) **カードの分類**

休憩をはさんで、今度は各自のカードをテーブルの上に提出し、グループ構成員はテーブルを囲みます。集めたカードは1つにまとめてシャッフルします。これは自分の夢・希望が他のメンバーにあからさまになるのを嫌がる人がいる場合の配慮です。セラピストはあらかじめ書いた「夢・希望分類表」を提示してそれに従って「皆さんの夢・希望を分類してみましょう」と提案します。分類表の例は次の通りです。

① 一般的な欲求、金欲、物欲など
② 仕事、職業に関すること
③ 学業、資格に関すること
④ 趣味、特技に関すること
⑤ 旅行、旅、遠くへ行きたいなど
⑥ 健康、美容、病気、怪我、身体的欲求など
⑦ 空想（ファンタジー）、非現実なもの
⑧ 休息、癒し、慰めなど
⑨ 家族、親族などに関するもの
⑩ 恋愛、結婚など
⑪ 友情、人間関係一般
⑫ 博愛、奉仕（ボランティアを含む）、世界平和、地球環境など
⑬ 自分の性格、向上心、心理、精神的問題に対する欲求など
⑭ ペット・動植物などに関すること
⑮ その他

筆者は経験上このような項目に分類しましたが、まだこれらのどこにも属さない「夢・希望」があるかもしれませんし、実践する中で、治療グループが独自に分類項目を追加することも可能です。

　さてグループのメンバーは誰が書いたものであるかに限らず、1枚1枚のカードを表に従って分類していきます。この際、グループの中には自らリーダーの役割をとって分類方法を提案していく人もいるでしょうし、一歩引いた立場でどのように進行していくか、様子をうかがうタイプの人も出てくるでしょう。セラピストはできるだけグループの力関係や発言、やり取りを見守って任せ、初期介入を避けます。また分類には様々な方法が採用されます。ある1人が1枚ずつカードを読み上げ、みんなの発言や合意の下に分類項目に振り分けていく方法を採る場合もあれば、平均枚数を各自が受け持ち全体の分類項目の上に置いていくという方法を採る場合もあります。いずれにせよ分類ではメンバーの書いた夢や希望がグループの中に開示され、何がしかの感想とともにその場に共有されます。共感を持って受け入れられたり、変わっているがなるほど面白い、などと評価される場合もあります。同類の項目が多いと、自分の気持ちが自分1人だけのものではないといった一体感や同一視感が与えられます。もちろん自分の出した夢・希望が他者とかけ離れていることで、あらためて自分の内面に眼を向けざるを得ないクライエントも出てくるかもしれません。セラピストは時にカードを覗き込んで肯定的な感想を述べるなどにとどめ、あくまでグループの活動の方向を見守る姿勢に徹します。

3) 絵画制作

　やがてすべてのカードの分類が終わったら、治療グループには模造紙と描画材料（クレヨン、サインペン、マジックの類）が与えられます。セラピストはグループに対して分類項目の性格を考え、その項目からイメージする絵を一つひとつ描くように教示します。例えば「一般的な欲求や物欲、金欲」を海賊の物語に出てくるような「宝の箱」を描いて象徴させることなどがその例です。さらにやや複雑かもしれませんが、各分類項目をすべて絵で表し、なおかつ画面が1つの絵として統一されたものになるよう付け加えます。先の例で言えば「宝の箱（一般的欲求、金欲、物欲）」を積んで運ぶ「海賊船（仕事、職業）」

という様に関連付けて描くことも出来るでしょう。統一的な絵のテーマが見えてくると（この場合、海賊船の絵）、「空想（ファンタジー）、非現実」を「砕ける海の波」に、「旅行、旅」は「渡り鳥」に、「癒し、休息」は近くに見える「緑の島」に喩えるなど、様々にイメージは広がっていきます。当然のことながら共同制作の過程でメンバーの話し合いや意見交換、お互いが持っているイメージの共有が計られます。ここでもメンバー同士の治療的介入や支持、示唆、共感が随時、力動的に働きます。意見のぶつかり合いは自己と他者への気づきがもたらされる大切なプロセスですが、感情が先にたつ場合、必要に応じてセラピストやスタッフが介入します。先にも述べましたが、セラピストが心がけるのは自己肯定感をはぐくみ、グループダイナミズムを治療的な方向へ向ける雰囲気作りです。線による下書きができると、メンバーが分担して色塗りが行われます。丁寧にゆっくり塗る人、大雑把に塗って終らせる人、カラフルに色を配色する人などなど、様々な性格や個人差が現れますが、基本的にこれらの過程もグループの中の進行に任せていくことになります。

4) カードの貼り付けと振返り

　絵が完成したら一度みんなでその完成の喜びを味わうとよいでしょう。壁に張っても良しセラピストが持ってあげるも良し、みんなで自分たちの描いた絵を眺め、感想を述べ合いましょう。その際の個々の発言などにも注意すると、クライエント個々の意識の変化や思いが読み取れるかもしれません。

　さてその後は最後の作業が残っています。それは自分たちの書いたカードを絵の中に貼っていく作業です。自分たちの夢・希望を確認するように、それぞれの象徴絵画の上や横に付箋を張るように貼り付けていきます。ここでは自分たちの夢・希望がどの項目に偏っているかなどについてあらためて発見することになるでしょう。カードが多くて重ねて貼らなければならない項目があるかわりに、たった1枚のカードしかない項目があるかもしれません。場合によってはそのグループでは1つも取り上げなかった項目もあらためてわかります。カードをすべて貼り終えたら、セラピストも入ってグループ全員で作業の振り返りをしましょう。作業を通して発見したこと、他者と自分の関係、夢の違いや共通点、自分（たち）に欠けている視点、楽しかったこと、嫌だったこ

と、作業を終えた今の自分自身の夢・希望に変化があるか、他者の希望や夢に対する感情、作業を通して得られたメンバー同士の結びつきの強化、自分の抱える問題点に対する捉え方の変化、達成感、笑い、励まし、共感などなど……。

図 13-1

なお、KJ法を使った共同制作の試みについての参考作品は（図13-1）で示していますので参照してください。

(2) 自然物を使った集団造形療法
1) 自然物の収集

　治療グループは造形活動に先立ち、野外に出て造形活動に使用する自然物を集めます。セラピストは、紙の上に自然物を貼り付けて絵画作品を制作するということ、丸い石や木の実などの立体的な形状の自然物は収集の対象としないことなどをあらかじめ伝えておきます。したがって、その対象となるのは様々な野の草花、樹皮、小枝などが中心となるでしょう。都市部では自然物など容易に見つけられないのではないかと思われがちですが、公園や並木道、歩道の植え込みやコンクリートの隙間から顔を出すたくましい雑草など、普段何気なく通り過ぎる場所にも自然は豊かに息づいています。自然がいかに私たちに治療的に働きかけるかについてはすでに第11章で述べてきましたが、グループとして野外で小さな自然を発見し、その喜びを伝え合ったりすること自体が、すでに治療的な活動と言えなくもないのです。各自またはグループで袋を用意し自然物を集めていくのですが、当然のことながら他人の住宅内にあるものや明らかに人が丹精込めて育てているような草花は収集できません。雑草や枯れて地に落ちた草花、小枝、樹皮などを中心に集めましょう。筆者の経験では例外的に平べったくて面白い形状の石や昆虫の抜け殻などを集めて作品作りに用いたグループがありました。30分も野外を歩けば、造形活動に十分な自然物が集められるでしょう。絵画制作の台紙の大きさは模造紙一枚程度にしますの

で、それを目安にして足りなくならないように少し多めに集めるくらいにしましょう。

2）構成と貼付け

　収集した自然物をテーブル（作業台）の上に広げ、あらためて自然物の持つ形の面白さ、色の美しさ、におい、手触りなどをみんなで味わいます。すでにこの時点で「この葉っぱは○○に似ている」「この枝はこんなふうに貼り付けて使ったらどうか」などといった意見交換やイメージの共有がなされることでしょう。収集した自然物の全体を把握したら、いよいよそれらを使ってどのような絵を「描いて」いくかを相談していきます。ここでは先にも述べたグループ内の個々人の性格や感情の力動的なやり取りが展開されるでしょう。率先してグループを引っ張っていくリーダーの出現があるかもしれませんし、心動かされた特定の自然物を中心に、みんなのイメージが比較的1つに集約されやすい場合もあるでしょう。いずれにせよ1枚の葉っぱや小枝、花びらなどに何か別の意味を与え命を吹き込む作業は、楽しく心を開放する働きを与えます。台紙の上での配置や配色ができたら糊、ボンド、セロテープなどで自然物を貼り付けていきます。もちろん自然物は常に平坦で貼りやすいものばかりとは限りません。できればその自然物の持っている形状（個性）を生かしながら無理のないように貼っていくことが大切です。構成は制作を進めながら途中で変わることもしばしばです。むしろやりながらアイデアは広がっていくもので、その意味では造形活動自体が人間同様、変化し生成する生き物であるとも言えるでしょう。セラピストの役割はグループ構成員に対する見守り、必要に応じた肯定的な言葉かけ、作業進行の確認です。自然物に対する味わいの共有化などには適宜加わってみるのもよいでしょう。場合によっては貼付けの方法などのアドバイスをすることもあり得ます。

3）制作の振返りと鑑賞――その治療的意味

　できあがった作品をみんなで眺めます。貼り付けがしっかりしていれば、模造紙を縦にして壁に貼ったり、スタッフが持って鑑賞するとよいでしょう。もともと絵画作品は少し離れて眺めると、夢中で作業していたときには見えなかった全体像が見えるものです。全体のバランス、自分たちのイメージ通りに

仕上がったかどうか、色彩や形態の面白さ、美しさ、みんなで作り上げた喜び、作業中に生じた他人とのやり取り、自己分析、自分の担った役割、共感などなどの治療的意味合いは、前述した KJ 法を使った共同制作と同様です。セラピストは、なるべくグループ構成員全員から思いや感想を引き出すよう努めます。自然物収集から作品完成までの一連の流れやその時々の思いを言葉で表現（追体験）することは、メンバーにとって体験を自らに確認させる必要な作業です。この集団絵画療法では、仲間とともに自然物を共有すること、イメージのやり取り、作品完成に向かって心を１つにする作業などが、まさに治療空間といえるものなのです。また造形活動で培われる他者との関係は、現実の人間関係にも反映していきます。さらにクライエント個人への治療的アプローチが困難な場合でも、治療グループによる働きかけが功を奏する場合も少なくありません。

自然物を使った共同制作の例は（図 13-2）を参照してください。

図 13-2

第14章

様々な分野の芸術療法

　本章では、絵画・造形以外の芸術分野で、すでに芸術療法として実践されているいくつかの種類について若干の紹介をしてみたいと思います。その分野とは大きく括ると音楽、文学、演劇、舞踏などになるでしょう。それらを取り上げる理由は、芸術が種類によって細分類化され得るのと同時に、当然のことながらそこに絵画・造形と共通した本質が見出せるからであり、また実際の療法場面では、複数の分野を同時に扱うことも出てくるからです。通常、人間の生の営みはあらゆる感覚が統合されたものとして存在します。例えば赤ちゃんへの授乳では、母乳を機械的に与えていれば事足りるというわけには行かず、赤ちゃんの顔を見ながらの適切な言葉かけや応答も必要でしょうし、なにより母親の懐に抱かれた温かな触感が、子どもに成長、発達を促すことでしょう。本書においても、ここまで様々な治療技法を紹介してきましたが、それらは例え絵画という芸術の一分野を用いていたとしても、全体としてはセラピスト、クライエントの「言葉」によるやり取りの作用は不可欠ですし、治療環境としての「音楽」や互いの「しぐさ」や「立ち（座り）位置」も、身体表現の一部として治療に影響を与えます。したがって、やや単純化するならば、療法（セラピー）とは常に総合芸術化されたものであると言えなくもないのです。

　しかし芸術療法は微妙な差異や考え方を考慮するなら、セラピストの数だけその種類が存在すると言っても過言ではありませんし、本章であらゆる芸術分野のあらゆる技法を網羅することなど到底できません。したがって、ここでは、後学のためにごく一部を限定的に紹介する、ということを前もってお断りしておきたいと思います。

1. 音楽療法

(1) 音楽の力

「音楽療法をする資格のある者は誰か？」という問題は、絵画療法同様に複雑な問題を抱えています。芸術療法士が国家資格化されていないわが国にとっては、その点の議論が人によって分かれるところです。この問題については本書においても最終章で取り上げますが、絵画や音楽が療法の中で取り扱われる時、教科教育とはまた違った治療や療育の側面で考えることに異論はないでしょう。

さて、そのような意味での音楽の持つ力については、ずいぶん昔から認識されていました。古代ではシャーマンやメディスンマンが悪霊を追い払う呪術として音楽を用いたようです。現代を判断基準として、古代の音楽をおどろおどろしい、場合によっては美しくない音楽と認識するか、または霊とつながり得る神聖な世界を表現するもの、と捉えるかは意見の分かれるところでしょう。いずれにせよ音楽が治療的な役割を古くから担ってきたことは確かです。古代ギリシャではピタゴラスが万物を数的秩序の中に見いだし、調和する数の関係から「音楽」を捉えていたことが知られています。ユニゾンやオクターブの完全音階から短三度、長三度などの音程にいたるまで、音を構成する2音間の度数には見事な調和が見て取れます。音楽に限らず、古来、その根底にある数学や幾何学は天文学の中にも生かされ、宇宙をつかさどる調和・秩序（マクロコスモス）は人間の体を精妙に形作っている調和・秩序（ミクロコスモス）と照応するものであるとも考えられてきました。これらは現代ではどこか古臭い概念のように思われるかも知れませんが、療法としての音楽を考える上では、とても本質的なものを含んでいます。つまり、これまでも述べてきたとおり、芸術療法の1つの特徴は心身の不調和を調整していく力を芸術の中に見いだすという点なのです。そして音楽は他の芸術分野とは比較にならないほど直接的に、私たちの表層意識を超えて作用する力を持っているのです。

(2) 音楽療法の技法

　音楽療法の技法は多種多彩であり、児童、障害児（者）、高齢者、精神病圏などの病者など、その治療対象によっても千差万別であると言えます。ここでは松井紀和（日本臨床心理研究所）の論文[1]を参考に、非精神病圏における音楽療法の技法について、「音楽を聴く」ことと「音楽を表現する」ことに分けてまとめてみたいと思います。

1) 音楽を聴く

　音楽を聴くことが心に様々な影響を与えることは、私たちが日常的に感じていることでしょう。その時々の気分を反映する音楽を聴けば、心地良さを感じますし、懐かしいメロディーに出会うと心は一足飛びに過去へと帰ることができます。特定の音の波長が心身をリラックスさせることはよく知られています。音楽を聴く技法の場合、選曲は厳密なものであり、どんなものでも良いというわけにはいきません。基本的にはクライエントの特性が持つ情緒、リズム感、テンポなどに合う、同質の音楽が選ばれます。時に治療目的に合わせて異質な音楽を取り入れることもあるでしょうが、そのことでクライエントが不快感を表したり、必要以上に情動が揺さぶられ、内的な衝動を引き出す場合もあるので注意が必要です。また既製曲を選曲することが通常でしょうが、例えば集団音楽療法などでは、1人のクライエントに即興的に演奏してもらい、他のメンバーがそこからイメージを広げて感想を語り合うなどの方法も採られます。他にも直接音楽に耳を傾けるわけではありませんが、治療環境を設定する中で、他の療法（心理療法、造形療法など）と音楽を組み合わせることもあり得ます。

2) 音楽を表現する

　厳密な心理療法的アプローチから、音楽アクティビティー（緩やかな治療）に至るまで、歌唱や楽器演奏は様々な方法で音楽療法の中に取り入れられます。クライエントの中には歌や演奏を苦手と感じる人も当然いますが、手軽なところから入って音楽の楽しさを味わってもらうのも良い方法です。例えば誰もがよく知っている曲や比較的歌唱が簡単なものを導入としたり、楽器の場合ならリズムを刻む打楽器などから入ることもよいでしょう。いずれにせよ、音

楽療法は音（音楽）による治療的コミュニケーションなので、対象の音楽表現を受容し、生かしていくような音楽的な技術と感性がセラピストには求められます。また、集団セッションでは音楽療法に限らず、集団としての力動的側面が大きく作用します。集団力動はみんなで楽しむというレベルから、好ましい集団力動が強化され、極めて治療的展開がなされる場合など様々です。他にも集団セッションでは、集団と個人を同時に観察する観察技術や、集団を治療的に引っ張っていくリーダーシップ、交流を促進させトラブルを回避するような集団的対人援助技術などもセラピストには必要となるでしょう。評価についてはこれも他の療法と通じることですが、一定期間の継続したセッションの中から、クライエント個々の変化を捉えていくことになるでしょう。

2. 文芸療法としての詩歌・俳句など

(1) 詩歌の治癒力

　私たちは詩歌の中に、人間としての普遍的な感情や存在のあり様を読み取ることがあります。時にはまるで自分に向かって詠まれたのではないか、とびっくりするくらい「わかる」詩に出会うことがあります。つまりそれは詩歌に込められた個人（作者）の思いが、決して個人の内部で完結するものではなく、人間の存在が地続きであることを物語っているのです。人は人生の中でほとんど例外なくある種の詩人になるような時期があります。その多くは肉体的にも精神的にも揺れ動く、思春期・青年期に訪れます。その時期において人は、日常的な喜怒哀楽の感情の振幅が激しくなることはもちろん、自分とは何かという自己存在の根源を問うような悩みや揺れを体験し、自己治癒的に詩を読む（詠む）ことでそれを乗り越えようとするのです。

　詩歌の持つ治癒的な働きは、特に人間生活の悲しみや苦しさに呼応します。人間という存在がもともと例外なく苦しみや悲しみを背負って生きていくものであることが知られると、人は癒されます。そのことを詩歌を通して私たちは教えられることが多いのです。もちろん詩歌は苦悩や不安ばかりを詠うものではありません。人間賛歌や人間を超えた天上の調べを言葉に載せる「詩」もあ

るでしょう。しかし、けがれを知らない天使が歌う調べこそが詩であるなら、逆説として最も幸運な詩人は、この世に「生まれなかった」と言わねばなりません。この世に生まれた私たちは、誕生の喜びとともに苦悩をもまた身にまとい、その悲しみの歩みに合わせて「わかる」詩を類似療法のように処方されるのです。

　創作の場合、言葉を紡ぎ出す過程においてクライエントは、知らぬ間に感情を整理し自己分析を行います。また、集団療法の中での創作や連作の場合、クライエント同士の分かち合いが行われます。つまり創作過程においてはカタルシスや自己分析が、作品の分かち合いにおいては、受容と共感に根ざした相互の自己治療が行われ得るのです。

(2)　詩歌療法の意義

　俳句・短歌という文芸は、今や世界語として認知された感がありますが、私たち日本人にとって、俳句や短歌の五・七・五の持つリズムは理屈でなく体内に染み込んでいます。家庭や学校教育において、「百人一首」として先人たちの和歌を味わうことは、日本人なら一度は体験したことがあるはずですし、また今日では交通安全や社会的道徳を促す標語、各種のスローガンに五・七・五のリズムは盛んに使われます。このような様々な下地が、詩歌療法において、欧米にはない俳句・連句療法を生み出すもとになったともいえるでしょう。加えて日本人は徹底した議論によって分かり合うよりは、短いセンテンスの中にお互いの言わんとするところをイメージすることを得意とする民族です。言葉が省略されれば、それだけ内容は曖昧さを残します。しかし曖昧さは余韻や雰囲気、あるいは間をかもし出し、イメージの広がりとともにむしろ発信者の万感の思いを伝える手段となり得るのです。相聞歌、辞世の句、挨拶句などは、くどくどと言わずとも、より本質的なメッセージを伝えるために選ばれた、必然の詩形のようにも感じます。

　さて俳句・連句療法の文献では、主として精神病圏のクライエントに対する治療が中心に書かれていますが、これは七五調という定型の枠組みと季語の存在が彼らに安全性と保護性をもたらすからであり、言語表現に乏しいクライエ

ントにとってごく短い発語で完成する俳句は作りやすく抵抗が少ないということが言えます。また、先に述べた短い言葉に込められたイメージの豊かさは短いゆえに他者に共有されやすく、俳句が生きたコミュニケーションへの媒体となる可能性も挙げられます。実際の句作や俳句鑑賞を通してイメージを共有することが容易なものに「写生句」があります。「写生句」のように日常的で具体的な事柄を読(詠)んでいくことは、ある種の精神病圏のクライエントにとっては安全であるとともに、希薄となりがちな外的世界への関心を高める働きも持っていると言います。連句とはセラピストの発句を皮切りにイメージや興味を引き起こされたクライエントが句を詠み(付け句)、集団セッションにおいては次々に参加メンバーが句を「付け合って」いくものです。「付け合い」とは前の句に追従したり、迎合することではありません。句を受け、楽しんで付けかえすいわば両者を生かす作句のことであり、付け合いに結ばれた人間関係、人の和が治療効果を生み出すわけです。

3. その他の芸術療法から

(1) 心理劇

精神医学と演劇を学んだジャコフ・レヴィ・モレノ(Moreno. J. L.、1889～1974)によって創始された心理劇(サイコドラマ)は、脚本の決まった芝居としての演劇ではなく、即興劇を通して行われる集団精神療法です。クライエントはセラピストなどの治療スタッフの見守りの中、舞台の上で様々な役割を演じながら、感情の解放、新しい自己発見、自己(他者)理解の深まりなどを体験します。心理劇を構成するメンバーには主役を演じる(自己表現する)クライエントの他に、いわば舞台監督役の治療スタッフ(セラピスト)、相手役を演じる男女の補助自我といった人たちが必要になります。監督は、ここでは精神療法の深い経験を有し、集団の力動的な人間理解に通じている必要があります。また舞台とは、何も物理的な発表としてのステージを意味してはいません。集団の中で日常と違う自由な空間が作り出せればそこは舞台であり、不快な感情や情念がさらけ出されても、監督や観客などの信頼に支えられた安全性

が保障されている場であるとも言えるでしょう。

(2) 舞踏療法

　ダンスやムーブメントは古来より人間の根源的な生きる欲求として存在していました。私たちの体は呼吸、血液循環、新陳代謝などに代表されるように、一時たりとも動きを止めていません。動くことは正に生きることなのです。しかし皮肉なことに今日では科学技術や文明の進歩によって、私たちは動くことから遠ざかりました。結果として興っている様々なダンス・ムーブメントによる治療的アプローチの隆盛も、今日という時代の揺り戻しなのかもしれません。

　さて近代の舞踏療法（ダンスセラピー）の登場は、1940年代のマリアン・チョイス（Chace. M.、米）らを創始の起源としています。今日では様々な治療的アプローチがあって、その理論的立場や方法の違いなどを考えると、なかなか一括りには扱えません。しかし共通する治療構造は、いくつか上げることができます。それは身体表現を用いた非言語的交流による対人関係の回復、身体感覚や機能の改善（リハビリテーション）、身体表現を通した自己理解や自己確立、リラクゼーション（体ほぐし、マッサージなど）、感情表現の統合などです。わが国の舞踏療法はその文化同様に集団で行われることが多く、集団の中で調和的に身体表現をするワークが特徴的と言えるかもしれません。一方欧米では集団セッションに加え、個の確立を目指して個人が普遍的実在とつながろうとするような自己表現、自己確立のワークも盛んです。またR・シュタイナーの創始したオイリュトミーなどは、人体を貫く「気」の働きを通して、言語、歌唱の本質を芸術的な動きによって眼に見えるかたちに表現するものとして、きわめて治療的な舞踏芸術と言えるでしょう。

　舞踏療法の対象者は児童、知的もしくは身体障害児（者）、高齢者、病者など幅広く、その方法も対象者に合わせた多様なエクササイズ、音楽の利用、楽器やリボン、ボール、風船などの道具を利用したものまで多彩です。一般的な流れとしては簡単な体操やウォーミングアップの後、様々な方法による展開、そして分かち合い（シェアリング）などが行われることが多いようです。

終章

芸術療法士（アートセラピスト）とは誰か

1. 芸術療法に求められる人間観・世界観の探求

(1) 自己への問いかけの必要性

　福祉や医療に限らず社会の中で人と関わるとき、私たちは自分を含めた人間に対する考えや価値観に基づいて行動します。その価値基準は人によって様々ですが、多くの人にとって共通するのは「日本人」という民族的文化価値です。単一民族として日本語を使い、郷土を土台にした社会は、私たちの人間形成の核になるものでしょう。またもう少し広く俯瞰するならば「東洋」という思想性・精神性も私たちの人間観や世界観の中には息づいています。生活の質がいかに欧米化したとは言え、精神性の根っこにある東洋的、日本的な価値基準は無視することができません。

　筆者が以前、シュタイナー研究のためにドイツの病院やキャンプヒル（シュタイナー思想を基に障害児・者と健常者がともに暮らす共同体）を訪れた際にも、そこにあるのはヨーロッパのシュタイナー思想の体現であり、では日本におけるその実現はどうあるべきなのかということを強く意識させられました。西洋の思想をうわべだけすくい取って学んだ気になっても、それを東洋（アジアの片隅）に暮らす日本人として血肉化しない限り意味を持ちません。私たちは自分が日本人であることを普段あまり意識してはいませんが、海外に出るといやおうなく日本人としての民族的アイデンティティーを感じさせられます。それは自己へと向かう問いかけのためです。シュタイナーに限らず、どのような思想も宗教・哲学も、学問として知識欲の中でそれを満足させて終わるなら、

私たちの人間としての成長には何らかかわりのない表層的なブランドにしかなりません。ゆえに学問とは常に「私とは誰か」「私はどこへ行くのか」という自己への問いかけを含むものであり、自己への気付きと無関係な知識は「社会的な権威」か「自己満足」に役立たせるためにだけしか、行く道を持たないのです。もちろん社会的権威を否定するつもりはありません（筆者が大学教員であることも、すでに何がしかの権威として作用することも知っています）が、芸術療法に関わる医療・福祉の専門家は、治療家という権威のために背負う責任とそのために失いやすい自己を持っているということを忘れてはなりません。

　世界をどう捉えるか、自分を含め人間をどのように理解しているかは、セラピストとしてどうしても避けて通れない命題です。そのことを抜きにして芸術療法の技法のスキルを磨くことに腐心するなら、優秀だが人間的な温かみとは無縁のコンピューターと代わりがありません。そして私たちは常にマニュアル通りにはいかない「人間」を相手にしているのです。

(2) 善悪二元論の健康観

　治療とは病を治すことですが、治療に先立って大切なものは治療者およびクライエントにとっての健康に対する考え方です。そもそも私たちはどのような健康観を持っているでしょうか。まずはそれを善悪二元論で考えてみましょう。病気や障害が悪であり、それが取り除かれた状態が健康つまり善であるとします。誰もが病気や障害に苦しみ（また苦しむ可能性）を持っていて、それが一切なくなればどんなに良いだろうと考えます。事実そのため（病気や障害を取り除くため）に病院などで治療を受けるわけですから、これはとても自然な考え方のようです。ここでは健康と病気・障害が善と悪のように基本的に対立する概念として捉えられます。この二元論の特徴は善と悪をまったく別の原理だと捉えることです。健康が自分本来の姿であり、不健康は外部から内部への侵入者です。そうであるなら、当然できる限り排除し、切り捨てるべき存在ということになるでしょう。このことを他者を含めた社会的な健康観に当てはめてみるとどうでしょうか。自分が健康であり目の前にいる人が不健康であった場合、先の健康観に照らして考えれば、目の前の他者は、排除し切り捨てら

れても仕方のない存在ということになってしまいます。もちろん自分が不健康な場合はたちまち排除の対象になってそれを受け入れざるを得ません。かつてハンセン病患者らに対し、他者への感染の危険性を錦の御旗にして過酷な隔離政策をとったわが国の歴史は、社会の全体性の中では歪んだ健康観から出発した結果としか思えません。個人の中ではどうでしょうか。病気や障害を抱えたわが身は悪に犯された存在です。自分の体でありながら、病気・障害を否定しなければなりませんが、健康体である自分と不健康な病気や障害とは物質的には分離できませんから、自分の心身が100%健康になるまでは自分を嫌悪して生きることになります。

(3) ホリスティックな人間観の獲得へ

ここではもう1つ別の健康観について考えてみましょう。それは「ホリスティック」という概念に基づく人間観、世界観です。「ホリスティック (holistic)」の概念についてはすでに第2章で触れましたが、先の善悪二元論と対比させながら再びその健康観について考えてみたいと思います。繰り返しになりますが、ホリスティックとはギリシャ語の［holos＝全体］を語源として作られ、「存在するすべては相互にかかわり、つながり合い、あるものは他のものを支えている」とする概念です。同じ語源を持つ言葉には、他に［healing＝癒し］［health＝健康］［whole＝全体］などがありますが、どの言葉も、分裂していたものに「つながり」を取り戻すこと、全体としての私(世界)を取り戻すこと、という考え方がそのベースにあるのです。ここでは善と悪、健康と不健康（病気・障害）は相対立するものではなく、分裂している1つの全体と捉えられます。引き裂かれた自己が全体としての調和を取り戻すとき、健康、癒しは訪れるのです。健康も病気も同じカテゴリーの中で包括的に扱うとき、健康な自分と同様に、病気や障害もまた自分の大切な一部分であるということになります。これはもちろん病気や障害に対して一切立ち向かわなくてよい、治す必要がないと言うことではありません。対立軸で見ることをやめるということなのです。

現実に私たちは往々にして次のような包括的な体験をすることがあります。

病気を通して以前より健康になる。また病気・障害を知らないために、自己へのさらなる気づきが得られずに、精神的に貧しい人生しか歩めない、などです。さらに病気がその人の人生の転機になったり、病気・障害を抱えることで他人の辛い気持ちや痛みがわかることもあります。逆に健康であるがゆえに命を粗末にしたり、他人の痛み・苦しみに鈍感であったり、傲慢である場合もあるでしょう。自然界はその意味で私たちの良い先生です。自然界は敵をせんめつしようとはしません。生物はその天敵と同じフィールドに共に生きています。自然界はその限りない生命の連鎖の中で常にバランスを保っているのです。1人の人間の内においても善・悪（健康・不健康）は相互的に関係し合って、1つの調和を作り上げています。病気や障害はそのもの自体が悪なのではなく、そのことによって心身の調和が崩れた状態だということなのです。ゆえに治療とは病気・障害を取り除くことを追求するのではなく、調和させることにこそ主眼が置かれるのです。特に芸術療法士（アートセラピスト）は芸術を用いてクライエントの自然治癒力に働きかけることが、その大切な役割でした。そしてセラピストが自分を含めた人間とその健康をどのように理解しているかは、治療の出発点として大変に大きな問題なのです。

2. 治療家の社会的課題

(1) クライエントに出会う

セラピストにとって初めてクライエントに出会う瞬間は大切なものです。お互いにどのような人間かわかりませんし、特にクライエントはすぐに心を開いて何でも話してくれるとは限りません。むしろ寡黙であるために、絵画などを媒介として非言語的コミュニケーションを図らなければならないのです。お互いがリラックスするために遊びやゲームを取り入れたり、直接治療とは関係のない話題から入ることも少なくありません。そして自分（セラピスト）がどういう役割を持ち、あなた（クライエント）とこれから何をしようとしているのかを慎重に語る必要があります。芸術療法を行うに当たってのいくつかのルールや個人情報が守られること、セッションの時間などについても説明する

ことになるでしょう。環境にせよ、物理的な時間の流れにせよ、先の見えないことほど人を不安にすることはなく、また互いの信頼関係を築く上でも、まずセラピストから胸襟を開く必要があるのです。少なくとも初対面の時から診断的な物言いをしたり、セラピスト側の視点から質問を重ねるなどの「出会い」方は、自然なラポール（信頼関係の芽）が育ちにくくなります。

　またセラピストにとっては、そのような初対面の基本事項以上に人間の心構えとして重要なことがあります。それは「出会い」に対する考え方です。これまでに私たちは繰り返しホリスティックな世界観について学びました。物質と精神のこの広い世界は、互いがつながり、支えあう1つの調和体でした。現代社会の病が全体性を失ってしまった心と体、意識と無意識、理性と本性、自然と人間、自分と他人の分裂であるとすれば、そのつながりを取り戻すことこそ、第一義的に求められる処方箋です。この広い世界の何億という人間の海の中で、時代、地域を同じくして人が人に「出会う」という奇跡は、人知を超えた出来事のようにも思えます。脈々と続く祖先がいなければ今の自分はありません。病気を抱え、「あなた」に診てほしいと目の前に座る患者がいなければ、医師は医師である意味を見出せません。どのような病気・障害、やんちゃ、泣き虫の子どもであっても、親はその子どもがいてくれるおかげで親として成長する可能性を持ちます。若者の中には「出会い」を「出会い系」として安易に解釈する者もいます。しかし「出会い」の真の意味に気づくとき、人はそれを安易にお金に換算したり、刹那的な楽しみで終わらせることができないでしょう。その意味ではセラピストもまた、クライエントに出会うことに特別の意味を見いだすべきです。そして例えそれが一人のクライエントとの繰り返されるセッションであっても、ただの一度も「同じセッション」はないということを知るべきです。毎回、その時限りの大切な出会いであることを意識するなら、それはもう芸術療法の一部なのです。

(2) 情報の共有と多視点

　芸術療法士（アートセラピスト）として仕事をするとはどういうことなのでしょうか。具体的な資格や働き場所の問題は次節に譲ることとして、ここでは

セラピストが社会的に仕事をする上で気を付けなければならない情報の共有と多視点について考えてみましょう。芸術療法を行う場所は、児童・障害児（者）・病者・高齢者などを対象とした各種の福祉施設、行政機関、病院、学校、治療室、絵画教室、グループホームなど多様です。時には独立開業して患者（クライエント）を自宅に招いて治療を施すセラピストもいるかもしれません。そして福祉現場であれば保育士、介護職員、指導員、ソーシャルワーカーなどが、病院であれば主治医、看護師、検査技師、各種療法士などが、学校であれば教師やカウンセラーがクライエントに関わる人的環境として必ず存在しています。そしてセラピストはこれらの職種の中の1人であるかもしれません。いずれにせよセラピストはそれらの人々の間にあって、自分の治療技法をきちんと説明していく（理解してもらう）必要と責任を持っています（もちろん、その大前提としてクライエント本人とその保護者・家族の同意が必要なことは言うまでもありませんが）。

　周囲の無理解の中で孤独に行われるセラピーは、決して良い結果をもたらしません。不信感はセラピストに自信を失わせ、治療技法自体に精彩を欠くことになります。多くのクライエントはセラピストのナーバスな状態に容易に気がついてしまいますし、信頼関係を欠く元にもなりかねません。実際、芸術療法はどのようなものなのか、治療に役立つのか、ただ遊んでいるだけではないのかなど、周囲から見ればわかりにくい側面があることも事実です。だからこそ余計にセラピストには説明責任が生じるのです。そしていったん理解が及ぶか、及ばないまでもクライエントにとって良いものだと感じてもらうと、周囲から温かい「まなざし」を向けてもらえます。この周囲の暖かな「まなざし」はセラピストを勇気づけ、クライエントにも有形無形に良い影響を与えます。そして治療チームの中で暖かな「まなざし」を相互に向け合うとき、実は思う以上の治療効果が発揮されるのです。

　発達障害児に対する感覚運動調整療法を開発した小関康之（1935～、発達小児科学）は、障害児に対する療法、教育、保育が機能するためには「人間的架け橋としての共感関係」が基盤となることを繰り返し強調しています[1]が、人間としての本質的な関係性や「まなざし」の向け合いは、対クライエントだけ

でなく、治療に関わるすべての人間同士の中で達成されるべき命題であるとも言えるのです。

　そのことを土台に、具体的にセラピストの仕事に理解を深めてもらう方法としては、1つにケースカンファレンスやチームミーティングへの参加が挙げられます。例え周囲の温かな理解に恵まれたとしても、やっている治療技法の中身が独りよがりでは何にもなりません。治療チームの中で自分のやっていることを吟味してもらい、適切な修正を加えることにためらいを持ってはいけません。またセラピストの知らないクライエントの情報や同時並行的に行われている他の治療、生活の諸側面、そして何よりクライエントに対する複数の眼による理解とそれらの共有は、セラピストにとっても有益なものです。またそのような正式な場が設けられない場合は、施設長、経験豊富な指導員、主治医、看護師、担任教員などに相談したり、適切なスーパーヴァイズをもらうほうがよいでしょう。特に芸術を媒介させるセラピーの場合、その特殊性ゆえに、芸術療法の経験を十分に有するスーパーヴァイザーの存在があれば、なお心強いものです。

3. 治療家の資格の問題と課題

(1) 様々な治療家たち

　日本において芸術治療家とはどのような人たちなのでしょうか。まず第1に芸術を治療的に応用しようとする分野としては、精神医学・精神（心理）療法の流れがあります。医療・心理の専門家の中で特に芸術が「性に合っている」「好きである」人たちが、主にその分野では先駆的なアメリカを始めとする欧米の治療家に学ぶ中で、技法を発展させてきたという経緯があろうと思われます。本書においてもその流れの中で培われてきた技法や考え方をずいぶん参考にしてきました。近年、医療現場においては心と体は切り離すことができないという認識が浸透してきて、前述してきたようなホリスティックな存在としての人間観をもって治療を考えようとする動きが出てきました。このことは機械化、システム化された現代社会の中で、本来的自己と社会的自己との間で分裂

を来たすような人々の心身の疲弊状況と無縁ではありません。長く続く「癒し」のブームは、本来自然界を含めた宇宙的秩序（マクロコスモス）の一部であり、同様の秩序に内的にも貫かれている人間（ミクロコスモス）が、高度に人工化された社会システムの中で、どこか魂の故郷に対する喪失感を抱いていることの現れです。話がそれましたが、いずれにせよ、現在、芸術治療家と呼べる人のある一群は診療の中に芸術を取り入れている精神科医、もしくは心理療法家（臨床心理士、カウンセラーなど）です。なお、心理検査の中で行われる各種「描画テスト」を「絵画療法」と混同している向きも見受けられますが、厳密な指示やマニュアルで規定されたテストを芸術療法と呼ぶことには違和感を持たざるを得ません。実践家・研究者の集まりである学会には、「日本芸術療法学会」とともに「日本描画テスト・描画療法学会」が存在しますが、「描画テスト」を独立表記させている意味はそのことを示しているのではないかと思われます。

　さて、芸術治療家の第2群は、芸術そのものを専門とする人たちです。芸術大学（学部）などで学ぶなど自身も作品を作ったり、演奏したり、演じたりするタイプの人たちが、その感性や専門的技能を用いて治療に関わる場合です。もともとアート作品の制作は人間の心や魂と深く関わる作業であり、教義を伝えるとともに「癒し」や「なぐさめ」を与える様々な宗教絵画はもとより、聴覚を失い、病気による発作に苦しみながら晩年それを「黒い絵」に結実させたゴヤ、精神病の発作の中で数々の傑作を描いたゴッホ、神経症他の病魔に苦しみながら狂気、死、不安をテーマとしたムンクなど、画家と病気や障害とのかかわりはよく知られていることです。この分野の治療家たちは病院で働くというよりも、幼稚園、小・中・高・養護などの学校教育の現場、もしくは第3群ともかかわりのある福祉施設などにおいて、ケアワークの一環として芸術療法を取り入れることが多いようです。また自身が開業する絵画教室、アトリエなどで治療を伴う造形指導をする場合もあります。ここでの問題はアートが教育なのか治療なのかということですが、「治療教育」という言葉に代表されるように、それはいわば不可分の関係にあるとも言えます。「治療」というものをどう捉えるかは本書の冒頭で検討しましたが、第2群の治療家たちが行ってい

る造形アクティビティーは、よりクライエントの生活に寄り添う形で行われる「緩やかな治療」ということができるでしょう。

さて芸術治療にはさらに第3群として別の分野の専門家が存在します。それは福祉を専門とする人たちです。福祉従事者は乳幼児・児童であれば保育所、乳児院、児童養護施設、児童自立支援施設などの施設従事者が、障害児（者）を対象とする施設なら知的・身体の各種障害児（者）の療護、更生、授産、生活訓練、グループホームなどの施設従事者が挙げられます。また、高齢者が対象であれば、（特別）養護老人ホーム、高齢者デイサービスセンターなどに従事する職員、さらに社会福祉相談機関である児童相談所、福祉事務所などの従事者も加えられます。これら福祉施設従事者の中には福祉領域だけでなく様々な専門領域から集まってきた人材もいますが、いずれにせよ施設の文化活動、余暇活動、授産活動などの中で芸術と出会い、芸術の持つ力を発見して施設利用者のQOL（生活の質）向上やリハビリテーション、病気・障害治療などに役立てているのです。これらも前述した「緩やかな治療」としての広義の芸術療法、または芸術によるヘルス・ケアと呼び得るものでしょう。

(2) 芸術療法士（アートセラピスト）の資格問題と課題

ここまで述べてきたように、現在の日本では様々な職種・領域から芸術療法のアプローチがあり、芸術療法士に対する国家資格化はされていません。様々な議論を経て機が熟したのでしょうが、「日本芸術療法学会」では学会認定資格として「芸術療法士」の養成が平成16年度から始まっています。そこで芸術療法士の資格問題に関しては、ここで2つのことを指摘しておきたいと思います。1つは将来的に法定化されることは、芸術療法の普及にとって望ましいことであろうということです。治療行為である以上、誰もが安易にそれを用いて良いはずはなく、場合によっては危険でさえあります。芸術療法士が独立した専門領域として厳しい訓練と国家試験をパスすることで得られる資格者になることは、もちろんある意味で大きな成果です。何よりも将来、芸術療法を選択するクライエントにとっての安心と安全につながるでしょう。しかし反面、法定化そのものが、「治療としての芸術」を一般の人々から遠ざけてしまわな

いだろうか、という懸念もあります。例えば極端な例と断っておきますが、医師が業務独占的に行うことのできる「医療行為」の中で取り扱う芸術治療がそのまま「芸術療法である」と規定されるならば、一般の人々は患者（クライエント）として芸術療法の「お世話」になることはあっても、自分自身やかかわりのある人々の間で日常的に治療的芸術を用いることはできにくくなるでしょう。現在、様々な立場で行われている広義の芸術療法は、場合によっては法に触れる行為と見なされ処罰の対象になります。いきおい「紛らわしい行為は慎む」という方向に進むでしょうし、そうでなくても自分には難しい、苦手だと感じている「芸術」が、社会的にもますます縁遠いものとなっていくでしょう。

　さて、指摘したいことの2つ目はすでに述べ始めています。つまり「治療としての芸術」がどうしたら私たちの身近な存在となりうるか、ということです。もちろんどこまでを「芸術療法」として枠付けるのかは難しい問題です。しかも医療行為としての投薬や手術のように、すぐに何がしかの結果が眼に見えるものであればよいでしょうが、芸術を媒介とする治療はそれよりずっと気長な側面を持っていて、ちょうど保育や教育において幼児期に育てられた発達の土台が、思春期以降に結果として花開くのに似ているからです。そして洞窟の壁画に始まる人類の芸術や美的体験が、私たち人間の生にとって必要不可欠なものであるなら、それは現代も未来も私たちの身近に存在し続けるはずです。現代社会は近代合理主義の成熟と社会のシステム化によって、私たちに生活しやすい道筋を示す反面、もっと微妙な人間の内面への配慮を淘汰しているようにも思われます。「治療としての芸術」は芸術専門家の独占物として立派な額に収めるものでもなく、正装をしてよそ行きの気分で味わうだけのものでもありません。同様に、医療関係者の独占物として診療室という非日常空間でのみ施されるだけのものでもないのです。芸術療法は私たちのそれぞれ生きる場所で、自己セラピー、ヘルス・ケアの一環として自己への気付きと生きる力を高め、生活を共にする人々の中にあって、病気・障害・生きにくさに対する共感と信頼、相互治癒、相互扶助に繋げていく真の意味の文化活動になるべきものなのです。

引用および参考文献

第1部　理論編

【序】
・参考文献
『現代用語の基礎知識 2000 年版』　自由国民社　2000
『imidas イミダス 2000』　集英社　2000
『ABLE ART BOOKS こんなアートスペースがあったらいいな』　日本障害者芸術文化協会　2000

【第1章】　芸術の捉え直し
・引用文献
1) 渡辺護著　『芸術学（改訂版）』（第9刷）　東京大学出版会　1998　p.235
2) George Ritzer 著　正岡寛司監訳　『マクドナルド化する社会』（第6刷）　早稲田大学出版部　1999　第7章　p.195〜p.229
3) Johann Wolfgang von Goethe 著　木村直司訳　『ゲーテ全集 14. 自然科学論』（第6刷）　潮出版社　1992　色彩論　p.313
4) Rudolf Steiner 著　高橋巖訳　『自由の哲学』（第2刷）　イザラ書房　1992　p.217

・参考文献
今道友信編　『講座　美学』第1巻〜第5巻（第11刷）　東京大学出版会　1995
渡辺護著　『芸術学（改訂版）』（第9刷）　東京大学出版会　1998
青山昌文著　『芸術の古典と現代』　放送大学教育振興会　1997
青山昌文著　『美と芸術の理論』（第4刷）　放送大学教育振興会　1995
佐々木健一著　『美学辞典』（第5刷）　東京大学出版会　1997
小林昌廣著　『臨床する芸術学』　昭和堂　1999
神林恒道篇　『芸術の射程（叢書　ドイツ観念論との対話　第3巻）』　ミネルヴァ書房　1993
Rudolf Steiner 著　高橋巖訳　『自由の哲学』（第2刷）　イザラ書房　1992
Udo Kultermann 著　神林恒道＋太田喬夫訳　『芸術の歴史』　勁草書房　1993

【第2章】　療法としての芸術と表現
・引用文献
1) プラトン著　藤沢令夫訳　『国家』　岩波文庫　2002　第10巻　p.304〜p.312
2) 下中弘編　『世界大百科事典 2』　平凡社　1998　p.580
　　下中弘編　『世界大百科事典 18』　平凡社　1998　p.476

3) 日野原重明著 『生きることの質』 岩波書店 1993 p.111
4) 子安美知子著 『魂の発見』（第20刷） 音楽の友社 1994 p.51
5) 関則雄、三脇康生、井上リサ、編集部編 『アート×セラピー潮流』 フィルムアート社 2002 p.122～p.123
6) Natalie Rogers著 小野京子、坂田裕子共訳 『表現アートセラピー 創造性に開かれるプロセス』 誠信書房 2000 p.13～p.14
7) 長尾雅人編訳 『世界の名著2 大乗仏教』 中央公論社 1967 p.25～p.26
8) 日本ホリスティック教育協会編 『ホリスティック教育ガイドブック』 せせらぎ出版 2003 p.35

・参考文献

青山昌文著 『美と芸術の理論』（第4刷） 放送大学教育振興会 1995

深田進、大森正一、村田誠一、清瀬みさを共著 『芸術表現 5つの視点』（第2刷） 法律文化社 1997

アリストテレス 『詩学』～日本語訳 「世界の名著8 アリストテレス」 中央公論社 1972

プラトン 『国家』

下中弘編 『世界大百科事典2』 平凡社 1998

下中弘編 『世界大百科事典18』 平凡社 1998

伊藤幸郎編 『医療と人間Ⅰ 医療の歴史』 メディカル出版 1994

日野原重明著 『医のアート、看護のアート』 中央法規 1999

日野原重明著 『生きることの質』 岩波書店 1993

日野原重明、阿部志郎監修 『クオリティー・オブ・ライフのための医療と福祉』（第2刷） 小林出版 1998

安原青兒著 『ルドルフ・シュタイナーの芸術治療と絵画の役割』 聖心ウルスラ学園短期大学紀要 2001

西川隆範著 『シュタイナー思想入門』（第一版第3刷） 水声社 1998

高橋巖著 『自己教育の処方箋―おとなと子どものシュタイナー教育』 角川書店 1998

Rudolf Steiner著 西川隆範訳 『神智学の門前にて』（第2刷） イザラ書房 1993

西平直著 『魂のライフサイクル ユング・ウィルバー・シュタイナー』 東京大学出版会 1997

津田広志編著 『生のアート』 れんが書房新社 1994

Gregg M Furth著 角野善宏、老松克博共訳 『絵が語る秘密 ユング分析家による絵画療法の手引き』 日本評論社 2001

Gerhard Wehr著 石井良、深澤英隆共訳 『ユングとシュタイナー 対置と共観』 人智学出版社 1982

関則雄、三脇康生、井上リサ、編集部編 『アート×セラピー潮流』 フィルムアート社 2002

懸田克躬編 『世界の名著14　ユング　フロム』　中央公論社　1974
Natalie Rogers 著　小野京子、坂田裕子共訳　『表現アートセラピー　創造性に開かれるプロセス』　誠信書房　2000
長尾雅人編訳　『世界の名著2　大乗仏教』　中央公論社　1967
徳田良仁、大森健一、飯森眞喜雄、中井久夫、山中康裕監修　『芸術療法1　理論編』（第4刷）　岩崎学術出版社　2002
吉田敦彦著　『ホリスティック教育論』（第2刷）　日本評論社　2001
日本ホリスティック教育協会編　『ホリスティック教育ガイドブック』　せせらぎ出版　2003
子安美知子著　『魂の発見』（第20刷）　音楽の友社　1994

【第3章】　発達的アプローチから見た児童画
・参考文献
J J Rousseau 著　平岡昇編　『世界の名著30　ルソー』　中央公論社　1966
Maureen V Cox 著　子安増生訳　『子どもの絵と心の発達』　有斐閣　1999
島崎清海　『子どもの絵の発達—人類の発達やプリミティーブ・アートとかかわって』　文化書房博文社　1987
Manfred Lurker 著　竹内章訳　『象徴としての円』　法政大学出版局　1991
Wolfgang Grozinger 著　鬼丸吉弘訳　『なぐり描きの発達過程』（第4刷）　黎明書房　1987
Viktor Lowenfeld 著　竹内清、堀内敏、武井勝雄共訳　『美術による人間形成』（第11刷）黎明書房　1967
林健造、黒川健一、福井昭雄共著　『絵画制作・造形』（第2刷）　東京書籍　1987
関則雄、三脇康生、井上リサ、編集部編　『アート×セラピー潮流』　フィルムアート社　2002
金盛浦子著　『絵でわかる子どもの心のバランス』（第3刷）　青樹社　1997
小村チエ子著　『子どもの絵からのメッセージ』（第2刷）　朱鷺書房　1996
Rhoda Kellogg 著　深田尚彦訳　『児童画の発達過程—なぐり描きからピクチュアへ—』　黎明書房　1998

【第4章】　色彩・形態のシンボリズム
・引用文献
1)　金子隆芳著　『色彩の科学』（第8刷）　岩波書店　1997　p.まえがき（i）
2)　Susan Bach 著　老松克博、角野善宏訳　『生命はその生涯を描く　重病の子どもが描く自由画の意味』　誠信書房　1998　p.37
3)　前掲2)　p.39
4)　Rudolf Steiner 著　西川隆範訳　『色と形と音の瞑想』（第2刷）　風濤社　2002　p.163
5)　Johann Wolfgang von Goethe 著　木村直司訳　『ゲーテ全集14　自然科学論』（第6刷）

潮出版社　1992　色彩論 p.446
6)　Margrit Junnemann, Fritz Weitmann 著　鈴木一博訳　『シュタイナー学校の芸術教育』　晩成書房　1990　p.255
7)　前掲 5)　p.444
8)　新約聖書　『ヨハネ福音書』　第 8 章　12 節
9)　前掲 6)　p.254
10)　Rose H Alschuler,　La Berta Weiss Hattwick 共著　島崎清海訳　『子どもの絵と性格』　文化書房博文社　2002　p.72
11)　前掲 4)　p.163
12)　前掲 4)　p.160
13)　前掲 5)　p.445
14)　前掲 4)　p.163
15)　前掲 2)　p.43
16)　前掲 4)　p.164～p.165
17)　前掲 2)　p.47
18)　吉野裕子著　『陰陽五行と日本の民俗』（第 18 刷）　人文書院　2000　p.22
19)　前掲 18)　p.25
20)　前掲 18)　p.32 及び p.204
21)　前掲 4)　p.165

・参考文献

浅利篤監修　『描画心理学双書　第 7 巻　原色子どもの絵診断事典』（第 3 刷）　黎明書房　2002

末永蒼生著　『心を元気にする色彩セラピー』（第 4 刷）　PHP 研究所　2001

香川勇・長谷川望著　『子どもの絵が訴えるものとその意味』（第 3 刷）　黎明書房　1997

長崎盛輝著　『日本人はいかに色に生きてきたか　色・彩飾の日本史』　淡交社　1990

安原青児著　『にじみ絵を用いた造形活動の展開』　九州保健福祉大学紀要第 5 号　2004

Erizabet.Kock,　Gerard.Wagner 共著　松浦賢訳　『色彩のファンタジー』　イザラ書房　1998

金子隆芳著　『色彩の科学』（第 8 刷）　岩波書店　1997

大山正著　『色彩心理学入門』　中央公論社　1994

浜畑紀著　『色彩生理心理学』（第 2 刷）　黎明書房　1995

島崎清海　『子どもの絵－人類の発達やプリミティブ・アートとかかわって－』　文化書房博文社　1987

Howard Gardner 著　星三和子訳　『子どもの描画　なぐり描きから芸術まで』（第 2 刷）　誠信書房　1998

岩井寛著　『色と形の深層心理』（第 22 刷）　日本放送出版協会　1996

Wolfgang Grozinger 著　鬼丸吉弘訳　『なぐり描きの発達過程』　黎明書房　2000
Manfred Lurker 著　竹内章訳　『象徴としての円』　法政大学出版局　1991
大和岩雄著　『十字架と渦巻』　白水社　1995
Rudolf Steiner 著　西川隆範訳　『色と形と音の瞑想』（第 2 刷）　風濤社　2002
高橋巌　『シュタイナー教育の方法』（第 13 版）　角川書店　1998
Susan Bach 著　老松克博、角野善宏訳　『生命はその生涯を描く　重病の子どもが描く自由画の意味』　誠信書房　1998

【第 5 章】　芸術療法に求められるスピリチュアルケアの側面
・引用文献
1）　Natalie Rogers 著　小野京子、坂田裕子共訳　『表現アートセラピー　創造性に開かれるプロセス』　誠信書房　2000　p.263〜p.290
・参考文献
Waldermar Kippes 著　『スピリチュアルケア―病む人とその家族・友人および医療スタッフのための心のケア―』（第 2 刷）　サン・パウロ　2000
森村修著　『ケアの倫理』（第 3 刷）　大修館書店　2003
日野原重明著作選集〈上〉『医のアート、看護のアート』　中央法規　1999
日野原重明著作選集〈下〉『死と、老いと、生と』　中央法規　1999
渡部昇一、松田義幸共著　『内なる幸福を求めて』　PHP 研究所　1998
渡部昇一、稲垣良典、高橋巌、F・A・ヤンソン、須賀由紀子、松田義幸共著　『知性としての精神』　PHP 研究所　2000
大住祐子著　『シュタイナーに〈看護〉を学ぶ』　春秋社　2000
山崎正監修　山田冨美雄編　『癒しの科学　瞑想法―神秘主義を超えて―』（第 3 刷）　北大路書房　2001
Natalie Rogers 著　小野京子・坂田裕子共訳　『表現アートセラピー　創造性に開かれるプロセス』　誠信書房　2000
安原青兒著　『ルドルフ・シュタイナーの芸術治療と絵画の役割』　聖心ウルスラ学園短期大学紀要　2001
Mike Schuyt, Joost Elffers, Peter Ferger 共著　中村静夫訳　『シュタイナーと建築』　集文社　1985
芸術とヘルスケアのハンドブック編集委員会編　『アートフル・アドボカシー　生命の、美の、優しさの恢復　芸術とヘルスケアのハンドブック』　財団法人たんぽぽの家　1999
Albert E Trieschman, James K Whittaker, Larry K Brendtro 共著　西澤哲訳『生活の中の治療―子どもと暮らすチャイルド・ケアワーカーのために』　中央法規　1992
中川保孝著　『実践　芸術療法』　牧野出版　1993
川手鷹彦著　『子どものこころが潤う生活』（第 2 刷）　誠信書房　2002

第2部　実践編

【第6章】　初期的導入としての技法

・引用文献

1) Margaret Naumburg 著　中井久夫監訳　内藤あかね訳　『力動指向的芸術療法』　金剛出版　1995　p.11

・参考文献

山崎晃資編　『プレイ・セラピー』（第4刷）　金剛出版　2002
石田春夫著　『人は遊ぶ　ホモ・ルーデンス再考』　近代文芸社　2000
飯森眞喜雄、中村研之編　『絵画療法Ⅰ』　岩崎学術出版社　2004
関則雄、三脇康生、井上リサ、編集部編　『アート×セラピー潮流』　フィルムアート社　2002
徳田良仁、大森健一、飯森眞喜雄、中井久夫、山中康裕監修　『芸術療法2実践編』（第4刷）　岩崎学術出版社　2002
白川佳代子著　『子どものスクィグル　ウィニコットと遊び』（第2刷）　誠信書房　2001
Maureen V Cox 著　子安増生訳　『子どもの絵と心の発達』　有斐閣選書　1999
Gregg M Furth 著　角野善宏、老松克博訳　『絵が語る秘密　ユング分析家による絵画療法のの手引き』　日本評論社　2001
傳田健三著　『子どもの遊びと心の治療　精神療法における非言語的アプローチ』　金剛出版　1998
Margaret Naumburg 著　中井久夫監訳　内藤あかね訳　『力動指向的芸術療法』　金剛出版　1995

【第7章】　色彩療法

・引用文献

1) Rudolf Steiner 著　西川隆範訳　『色と形と音の瞑想』（第2刷）　風濤社　2002　p.166〜p.167

・参考文献

飯森眞喜雄、中村研之編　『絵画療法Ⅰ』　岩崎学術出版社　2004
Eva Mees Christeller 著　石井秀治、吉澤明子訳　『人智学に基づく芸術治療の実際』　耕文社　1988
Theo Gimbel 著　日原もと子訳　『色彩療法』（第5刷）　フレグランスジャーナル社　2001
Erizabet Koch, Gerard Wagner 著　松浦賢訳　『ルドルフ・シュタイナーの芸術論に基づく絵画の実践　色彩のファンタジー』　イザラ書房　1998
Margrit Junemann, Fritz Weitmann 著　鈴木一博訳　『シュタイナー学校の芸術教育』（改訂版）　晩成書房　1990

小村チエ子著 『子どもの絵からのメッセージ』(第2刷) 朱鷺書房 1996
安原青児著 『ルドルフ・シュタイナーの芸術治療と絵画の役割』 聖心ウルスラ学園短期大学紀要 2001

【第8章】 触覚に刺激を与える技法
・参考文献
中川保孝 『実践 芸術療法』 牧野出版 1993
W Lambert Brittain著 黒川健一監訳 『幼児の造形と創造性』 黎明書房 1983
徳田良仁、大森健一、飯森眞喜雄、中井久夫、山中康裕監修 『芸術療法2 実践編』(第4刷) 岩崎学術出版社 2002
Albert Soesman著 石井秀治訳 『魂の扉・十二感覚』(第2刷) 耕文社 2001
樋口和彦・岡田康伸編 『ファンタジーグループ入門』 創元社 2000

【第9章】 相互関係の中で扱われる技法
・引用文献
1) 白川佳代子著 『子どもとスクィグル ウィニコットと遊び』(第2刷) 誠信書房 2001 p.7
2) 金盛浦子著 『絵で判る子どもの心のバランス』(第3刷) 青樹社 1997 p.32〜p.54
・参考文献
白川佳代子著 『子どもとスクィグル ウィニコットと遊び』(第2刷) 誠信書房 2001
金盛浦子著 『絵で判る子どもの心のバランス』(第3刷) 青樹社 1997
小村チエ子著 『子どもの絵からのメッセージ』(第2刷) 朱鷺書房 1996

【第10章】 コラージュの技法
・引用文献
1) 若桑みどり編著 高階秀爾監修 『25人の画家(第23巻)エルンスト』 講談社 1981 p.99
・参考文献
杉浦京子著 『コラージュ療法 基礎的研究と実際』(第4刷) 川島書店 2000
高江洲義英、入江茂編 『コラージュ療法・造形療法』 岩崎学術出版社 2004
飯森眞喜雄、中村研之編 『絵画療法Ⅰ』 岩崎学術出版社 2004
Helen B Landgarten著 近喰ふじ子、森谷寛之、杉浦京子、入江茂、服部令子訳 『マガジン・フォト・コラージュ 心理査定と治療技法』 誠信書房 2003
若桑みどり編著 高階秀爾監修 『25人の画家(第23巻)エルンスト』 講談社 1981
坂崎乙郎著 『幻想芸術の世界 シュールレアリスムを中心に』(第16刷) 講談社新書 1977
乾由明、高階秀爾、山梨俊夫(責任編集) 『世界美術大全集〈西洋編〉第27巻 ダダと

シュールレアリスム』(第 2 刷) 小学館 1998
乾由明、高階秀爾、本江邦夫 (責任編集)『世界美術大全集〈西洋編〉第 28 巻 キュビスムと抽象美術』(第 2 刷) 小学館 1998

【第 11 章】 自然を取り入れた造形技法
・引用文献
1) Marianne Stettler 著 井手芳弘訳 『トランスパレントスター』 ペロル 2004 p.2
・参考文献
Marianne Stettler 著 井手芳弘訳 『トランスパレントスター』 ペロル 2004
Arthur Zajonc 著 林大訳 『光と視覚の科学 神話・哲学・芸術と現代科学の融合』 白揚社 1997
岩井寛著 『色と形の深層心理』(第 22 刷) 日本放送出版協会 1996
吉武泰水監修、杉浦康平編 『円相の芸術工学』(第 3 刷) 工作舎 2003
形の文化誌編 『形の文化誌 6 花と華』 工作舎 1999
Jose and Miriam Arguelles 著 中村正明訳 『マンダラ』 青土社 1997
Thomas Berger 著 松浦賢訳 『シュタイナー教育クラフトワールド Vol.6 ハーベストクラフト』 イザラ書房 1999
日本ホリスティック教育協会 (吉田敦彦、平野慶次) 編 『ホリスティックな気づきと学び』 せせらぎ出版 2002

【第 12 章】 心理療法の中の様々な技法の発展
・参考文献
藤掛明著 『描画テスト・描画療法入門』(第 2 刷) 金剛出版 2000
飯森眞喜雄、中村研之編 『絵画療法 I』 岩崎学術出版社 2004
徳田良仁、大森健一、飯森眞喜雄、中井久夫、山中康裕監修 『芸術療法 1 理論編』(第 4 刷) 岩崎学術出版社 2002
Silvia Gorres, Gerd Hansen 編 三原博光訳 『ドイツにおける精神遅滞者への治療理論と方法 心理・教育・福祉の諸アプローチ』(第 2 刷) 岩崎学術出版社 1996
Cathy A Malchiodi 著 角山富雄、田中勝博監訳 白川美也子、妹尾洋之、高田円訳 『被虐待児のアートセラピー 絵からきこえる子どものメッセージ』 金剛出版 2002
R C Burns, H Kaufman 著 加藤孝正、伊倉日出一、久保義和訳 『子どもの家族画診断』(第 2 刷) 黎明書房 2000
Karen Machover 著 深田尚彦訳 『人物画への性格投影』 黎明書房 1998
皆藤章著 『風景構成法—その基礎と実践』(第 4 刷) 誠信書房 1997
河合隼雄著 『心理療法序説』(第 13 刷) 岩波書店 1998
小川捷之著 『心理療法入門』 金子書房 1993

【第13章】 関係性の中から〜集団絵画療法
・参考文献

山口隆、中川賢幸編 『集団精神療法の進め方』 星和書店 1992

飯森眞喜雄、中村研之編 『絵画療法Ⅰ』 岩崎学術出版社 2004

高江洲義英、入江茂編 『コラージュ療法・造形療法』 岩崎学術出版社 2004

飯森眞喜雄、阪上正巳編 『音楽療法』 岩崎学術出版社 2004

飯森眞喜雄、町田章一編 『ダンスセラピー』 岩崎学術出版社 2004

山崎晃資編 『プレイ・セラピー』（第4刷） 金剛出版 2002

樋口和彦・岡田康伸編 『ファンタジーグループ入門』 創元社 2000

徳田良仁、大森健一、飯森眞喜雄、中井久夫、山中康裕監修 『芸術療法1理論編』（第4刷） 岩崎学術出版社 2002

徳田良仁、大森健一、飯森眞喜雄、中井久夫、山中康裕監修 『芸術療法2実践編』（第4刷） 岩崎学術出版社 2002

Natalie Rogers著 小野京子、坂田裕子訳 『表現アートセラピー 創造性に開かれるプロセス』 誠信書房 2000

Cathy A Malchiodi著 角山富雄、田中勝博監訳 白川美也子、妹尾洋之、高田円訳 『被虐待児のアートセラピー 絵からきこえる子どものメッセージ』 金剛出版 2002

【第14章】 様々な分野の芸術療法
・引用文献

1) 徳田良仁、大森健一、飯森眞喜雄、中井久夫、山中康裕監修 『芸術療法2実践編』（第4刷） 岩崎学術出版社 2002 p.84〜p.91

・参考文献

徳田良仁、大森健一、飯森眞喜雄、中井久夫、山中康裕監修 『芸術療法1理論編』（第4刷） 岩崎学術出版社 2002

徳田良仁、大森健一、飯森眞喜雄、中井久夫、山中康裕監修 『芸術療法2実践編』（第4刷） 岩崎学術出版社 2002

Natalie Rogers著 小野京子、坂田裕子訳 『表現アートセラピー 創造性に開かれるプロセス』 誠信書房 2000

Margrit Junemann, Fritz Weitmann著 鈴木一博訳 『シュタイナー学校の芸術教育』（改訂版） 晩成書房 1990

中川保孝著 『実践 芸術療法』 牧野出版 1993

Eva Mees Christeller著 石井秀治、吉澤明子訳 『人智学にもとづく芸術治療の実際』 耕文社 1996

高江洲義英、入江茂編 『コラージュ療法・造形療法』 岩崎学術出版社 2004

飯森眞喜雄、阪上正巳編 『音楽療法』 岩崎学術出版社 2004

飯森眞喜雄、町田章一編 『ダンスセラピー』 岩崎学術出版社　2004
E M Kranich, M Junemann, H B Andrae, E Buhler, E Schuberth 著　森章吾訳
　『フォルメン線描　シュタイナー学校での実践と背景』 筑摩書房　1994
Rudolf Kutzli 著　石川恒夫訳 『フォルメンを描くⅠ　シュタイナーの線描芸術』 晩成書房
　1997
Rudolf Kutzli 著　石川恒夫訳 『フォルメンを描くⅡ　シュタイナーの線描芸術』 晩成書房
　1998
徳田良仁、飯森眞喜雄監修 『俳句・連句療法』 創元社　1990
日比裕泰著 『人物画法（D·A·P）―絵にみる知能と性格―』 ナカニシヤ出版　1994
日比裕泰著 『動的家族画法（K·F·D）―家族画による人格理解』（第5刷） ナカニシヤ出版
　1997
Charles Koch 著　林勝造、国吉政一、一谷彊訳　『バウム・テスト―樹木画による人格診断
　法』（第31刷）　日本文化科学社　1997
三上直子著 『S-HTP法―統合型HTP法の臨床的・発達的アプローチ』（第2刷） 誠信書房
　1997
増野肇著 『心理劇とその世界』（第3刷）　金剛出版　1995
Helen Lefco 著　川岸恵子、三井悦子、崎山ゆかり訳 『ダンスセラピー　グループセッショ
　ンのダイナミクス』 創元社　1994
野田燎著 『芸術と科学の出会い　音楽運動療法の理論と実践』（第2刷） 医学書院　1997
村中李衣著 『絵本を読みあうということ　「読書療法」の向こう側とこちら側』（第2刷） ぶ
　どう社　1997
村井靖児著 『音楽療法の基礎』（第17刷）　音楽之友社　2004

【終章】　芸術療法士（アートセラピスト）とは誰か
・引用文献
1)　小関康之著 『発達障害・学習障害児へのヒューマンアプローチ』 中央法規出版社
　1995　p.33
・参考文献
関則雄、三脇康生、井上リサ、編集部編 『アート×セラピー潮流』 フィルムアート社　2002
中村雄二郎、川手鷹彦著 『心の傷を担う子どもたち　次代への治療教育と芸術論』 誠信書
　房　2000
川手鷹彦著 『隠された子どもの叡智　北ドイツの治療教育施設での記録』（第2刷） 誠信書
　房　2001
山中康裕著 『こころに添う―セラピスト原論』（第2刷）　金剛出版　2001
角野善宏著 『たましいの臨床学―夢・描画・体験―』 岩波書店　2001
Susan H McDaniel, Jeri Hepworth, William J Doherty 著　小森康永訳 『治療に生き

る病いの経験』　創元社　2003
Cathy A Malchiodi 著　角山富雄、田中勝博監訳　白川美也子、妹尾洋之、高田円訳　『被虐待児のアートセラピー　絵からきこえる子どものメッセージ』　金剛出版　2002
川手鷹彦著　『イルカとライオン　自閉症、ADHD、不登校など八つの事例』　誠信書房　2003
小関康之著　『発達障害・学習障害児へのヒューマンアプローチ』　中央法規出版　1995
傳田健三著　『子どもの遊びと心の治療　精神療法における非言語的アプローチ』　金剛出版　1998
Gregg M Furth 著　角野善宏、老松克博訳　『絵が語る秘密　ユング派分析家による絵画療法の手引き』　日本評論社　2001
Caroline Case, Tessa Dalley 著　岡昌之監訳　『芸術療法ハンドブック』（第3刷）　誠信書房　2000
本宮輝薫著　『ホリスティック・パラダイム　影の体験と生成する治癒力』　創元社　1995
飯森眞喜雄、中村研之編　『絵画療法Ⅰ』　岩崎学術出版社　2004
中川保孝著　『実践　芸術療法』　牧野出版　1993
徳田良仁、大森健一、飯森眞喜雄、中井久夫、山中康裕監修　『芸術療法1理論編』（第4刷）　岩崎学術出版社　2002

掲載作品（図版・作品・写真など）
【図1-1】：ポール・ゴーギャン　『我々は何処から来たか、我々は何者か、我々は何処へ行くのか』（1897年　カンヴァス　油彩）　アメリカ　ボストン美術館蔵
【図4-1】：パブロ・ピカソ　『人生』（1903年　カンヴァス　油彩）　アメリカ　クリーヴランド美術館蔵
【図4-2】：V・ファン・ゴッホ　『ひまわり』（1889年　カンヴァス　油彩）　東京　安田火災東郷青児美術館蔵
【図4-3】：フランシス・デ・ゴヤ　『わが子を食うサトゥルヌス』（1820～24年　カンヴァス　油彩）　マドリード　プラド美術館蔵
【図10-1】：パブロ・ピカソ　『ヴァイオリンと果物』（1912年　色紙、グワッシュ、木炭、パピエコレ）　アメリカ　フィラデルフィア美術館蔵
【図10-2】：パブロ・ピカソ　『籐編みの椅子のある静物』（1912年　カンヴァス　油彩、縄で縁取り、コラージュ）　パリ　ピカソ美術館
【図10-3】：マルセル・デュシャン　『自転車の車輪』（1913／51年　第3作品　レディメイド、自転車の車輪、木製の椅子）　ニューヨーク　近代美術館蔵
【図10-4】：マルセル・デュシャン　『泉』（1917／64年　第3作品　レディメイド、陶製の小便器）　パリ　国立近代美術館蔵
【図10-5】：マックス・エルンスト　『シュルレアリストのメンバーを紹介するロプロプ』

　　　　　　（1931年　コラージュ（写真）、紙、鉛筆のフロッタージュ）　ニューヨーク　近
　　　　　　代美術館蔵
【図10-6】：トム・ウェッセルマン　『バスタブ・コラージュ＃2』（1963年　板、ミクスメ
　　　　　　ディア、コラージュ）　東京都現代美術館蔵
【その他】：・クライエント・学生・児童・高齢者・筆者の描画および造形作品
　　　　　　・施設などの写真（筆者撮影）

あとがき

　本書の執筆を促したものは、現在、筆者が勤務する大学の社会福祉学部でテキストとして使用したいと考えたからです。当初、様々な福祉の現場へ出て行こうとする学生たちに対して「絵画療法」や「芸術療法」を講じる時、福祉と芸術のかかわりをどのように捉えてもらえばよいか、悩んだものです。まして療法（セラピー）は、あくまでこのようなものがあるのですよという、1つの参考として学習する分野（福祉の周辺科目）であり、治療なのだから福祉分野のあなたたちには厳密な意味で実践はできないのですよ、というスタンスで捉えられていました。筆者の勤務地に近い福祉現場で働く現任の福祉職員に芸術療法についてのアンケート調査をしてみても、「興味はあるができるスタッフがいない」「必要性は感じるが芸術療法などという（大それた）ものはできない」「取り入れるためのスケール（目安・尺度）がない」など、治療としての芸術に対して距離をおく意見が目立ちました。そもそも「芸術」に対する高尚で近寄りがたいイメージに加え、「治療」という自分たちの範疇を超えたものに対する、二重の扉によって芸術療法は閉ざされているように感じたのです。
　しかし一方で、福祉現場では造形や音楽など様々な芸術がアクティビティーとして取り入れられ、そこにはささやかな治療空間が存在しています。さらに翻って私たちの生活を見渡してみると、治療としての芸術は「芸術療法」などと声高に主張することなく、生活の一部として常に存在していることにも気づきます。理屈より先に福祉に役立つ治療的な芸術のありようは、実は私たち生活者や福祉の当事者たちの身近で実践されてきたのではなかったか。それを見直し、もう一度光を当てたい。それこそ実践のヒントとなるささやかなスケールを提供できれば、というのが筆者をして本書を書かせた動機のほとんどで

す。

　本書はそのような福祉に生かす芸術の原点に絶えず帰るために、記述にたびたび「繰り返し」を感じさせたかもしれません。また本書は、これから福祉を総合的に学ぼうとする学生や現場の福祉実践者を読者対象として想定しているため、とかく専門書の持つ難解な表現をできる限り廃し、平易で読みやすいものにと心がけたつもりです。実践編では、よく質問に出る細かな準備物などの記述にも気を配りました。本書を読まれて何か感じるところがあれば、お教えいただきたいと思います。

　2006年4月

　　　　　　　　　　　　　　　　　　　　　　　　　　　　　　著者

■著者紹介

安原　青兒　（やすはら　せいじ）
　　1954年　東京生まれ
　　1980年　多摩美術大学美術学部卒業（油画・リトグラフ専攻）
　　　　　　東京都にて美術科専任教員として中学校に勤務の後肢体不自
　　　　　　由児療護施設および同養護学校「ねむの木学園」、児童養護
　　　　　　施設等にて生活指導、造形指導、絵画療法等に携わる。
　　2003年　聖心ウルスラ学園短期大学・助教授を経て、
　　現　在　九州保健福祉大学・社会福祉学部　教授　宮崎県延岡市在住。
　　　　　　専門・関心分野は芸術療法およびR・シュタイナーの思想と
　　　　　　治療教育、児童の造形と教育・福祉の諸問題。また自身の創
　　　　　　作活動においては、油彩画とイコンの制作に今後の方向性を
　　　　　　見いだしている。

　　主論文および著書
　　　　「障害児と美術教育―ある施設からの報告―」
　　　　「児童における描画発達過程とその意味Ⅰ～Ⅴ」
　　　　「シュタイナーの芸術治療と絵画の役割―人智学に基づく病院の実際―」
　　　　『幼児の造形―造形による子どもの育ち―』（分担執筆、保育出版社）
　　　　『乳幼児のための心理学』（分担執筆、保育出版社）

　　連絡先
　　　　〒882-8508
　　　　宮崎県延岡市吉野町1714-1　九州保健福祉大学
　　　　E-mail：yasuhara@phoenix.ac.jp

福祉のための芸術療法の考え方
―― 絵画療法を中心に ――

2006年6月28日　初版第1刷発行
2010年2月10日　初版第2刷発行

■著　者────安原青兒
■発行者────佐藤　守
■発行所────株式会社 大学教育出版
　　　　　　〒700-0953　岡山市南区西市855-4
　　　　　　電話（086）244-1268　FAX（086）246-0294
■印刷製本────モリモト印刷㈱

Ⓒ Seiji Yasuhara 2006, Printed in Japan
検印省略　　落丁・乱丁本はお取り替えいたします。
無断で本書の一部または全部を複写・複製することは禁じられています。
ISBN978-4-88730-688-2

好評既刊本

スヌーズレンの基礎理論と実際
―心を癒す多重感覚環境の世界―

クリスタ・マーテンス 著
姉崎 弘 監訳
ISBN978-4-88730-942-5
定価 2,730 円(税込)
重度知的障害者の生活の質を高めるスヌーズレンの実践手引書。

健康・福祉と運動の科学

徳永幹雄／山崎先也 編著
ISBN978-4-88730-837-4
定価 2,520 円(税込)
健康や福祉を学ぶ人や指導者を対象として科学的に健康を学ぶ。

障がい児保育と健康福祉

前橋 明 編著
池内昌美 著
ISBN4-88730-700-4
定価 1,050 円(税込)
障害をもつ子どもについての保育と健康福祉について述べる。

ピア・サポート
―傍観者から参加者へ―

ヘレン・コウイー／パッティ・ウォレイス 著
松田文子／日下部典子 監訳
ISBN978-4-88730-889-3
定価 2,625 円(税込)
暴力やいじめの問題解決のためのプログラムの理論と実践を紹介。